江苏省“十三五”教育科学规划重点资助课题“从示范到卓越——江苏省优质高职院校建设研究”(项目编号:B-a/2016/03/07)资助
江苏省高等教育教改研究重中之重课题“以构建‘学习共同体’为突破口,提高高职课堂教学质量的研究与实践”(项目编号:2017JSJG009)资助

高职教育内部质量保证与评价体系研究

吴 伟 著

中国纺织出版社有限公司 | 国家一级出版社
全国百佳图书出版单位

内 容 提 要

本书主要内容包括高职院校内部质量保证体系建设的背景、内涵，国外高职教育质量保证与评价的实践经验，我国高职教育内部质量保证体系五个层面质量保证和评价的目标和途径以及内部质量保证体系的元评价的研究。

本书可供从事高职教育的相关研究者阅读参考。

图书在版编目（CIP）数据

高职教育内部质量保证与评价体系研究/吴伟著.--北京：中国纺织出版社有限公司，2019.11

ISBN 978-7-5180-6889-0

Ⅰ.①高… Ⅱ.①吴… Ⅲ.①高等职业教育—教育质量—研究 Ⅳ.①G718.5

中国版本图书馆CIP数据核字（2019）第236850号

责任编辑：范雨昕　　责任校对：江思飞　　责任印制：何　建

中国纺织出版社有限公司出版发行
地址：北京市朝阳区百子湾东里A407号楼　邮政编码：100124
销售电话：010—67004422　传真：010—87155801
http://www.c-textilep.com
中国纺织出版社天猫旗舰店
官方微博 http://weibo.com/2119887771
三河市宏盛印务有限公司印刷　各地新华书店经销
2019年11月第1版第1次印刷
开本：710×1000　1/16　印张：12.5
字数：166千字　定价：88.00元

前　言

2016年，自教育部办公厅发布关于建立职业院校教学工作诊断与改进制度的通知后，全国各地高职院校开始积极探索建立内部质量保证体系，构建教学诊断与改进机制，9个省份27所院校被遴选成为全国第一批试点院校。保证人才培养质量一直是高等教育在不断深入研究的问题，从关注外部质量保障到重视内部质量保证是世界各国高职教育提高人才培养质量的实践共识，通过结合外部质量评价进行政府和市场干预以此引导和监督学校内部的质量保证与评价是高职教育，也是高等教育发展的必然趋势。我国高职教育质量保证要求各高职院校从学校、专业、课程、教师和学生五个层面构建质量保证体系，近年来，各试点高职院校在两个或多个层面积极地开展理论研究和实践探索工作，每年全国各级各类质量保证和教学工作诊改的研讨会与培训层出不穷。

本书侧重理论分析，共分为九章。第一、第二章相对全面和深入地分析了我国高职教育质量保证的背景和内涵。第三章介绍了美国、德国、英国、日本四个国家高职教育的质量保证与评价模式。第四至第八章按照质量保证的目标是什么、采用哪些举措实现质量目标、如何判断质量目标是否实现以及衡量质量目标实现程度的思路系统阐述了高职院校在学校、专业、课程、教师、学生五个层面需要构建的质量保证与评价体系。质量评价体系中包含的各种评价机制有的起监督和激励作用，为确保质量目标实现服务；有的则起诊断作用，为衡量质量目标达成度和分析制约质量提高症结之所在服务。内部质量保证体系可以视为一个强校战略，但是如果没有一套规则来衡量战略以及具体行动的效果，战略的作用也就无处发挥并成为空谈，第九章从元评价的角度审视内部质量保证体系，从内部元评价和外部元评价两个方面对与体系相关的各种评价活动进行反思，旨在提高评价的合法性、合目的性和合规律性，笔者借鉴平衡记分卡构建内部质量保证体系的评价机制，结合元评价理论提出体系的诊改模式。

众所周知，高职院校构建内部质量保证体系的目的是实现科学管理，提高管理的效能，提高人才培养的质量，所以按照我们设想的原则和框架构建保证体系之后，体系是否能够有效运行，是否能实现预期目标，如何评价体系的运行效果是我们应该关注和研究的问题。只有准确把握保证体系运行状况才能围绕学校的战略发展目标设计针对性的诊改机制，实现体系诊断—改进螺旋上升发展，从而确保学校高质量发展。

在本书的撰写过程中，首先，笔者要向学校相关部门的领导和同事表示感谢，本书的出版受到发展规划处（质量办公室）王亚鹏主持的江苏省“十三五”教育科学规划重点资助课题“从示范到卓越——江苏省优质高职院校建设研究”（项目编号：B-a/2016/03/07）和教务处蒋丽华、丁永久主持的江苏省高等教育教改研究重中之重课题“以构建‘学习共同体’为突破口，提高高职课堂教学质量的研究与实践”（项目编号：2017JSJG009）的资助。笔者引用了发展规划处（质量办公室）成员的部分研究成果作为本书第二章高职教育内部质量保证的内涵中的部分内容。其次，要感谢我的爱人和亲人在这段时间给予我工作的理解和支持。最后，笔者要感谢中国纺织出版社有限公司的编辑对我的指导和辛勤劳动。

由于笔者学识和能力有限，书中可能存在谬误之处，敬请各位读者和同仁谅解，诚挚地欢迎大家批评和指正。

吴伟
2019 年 6 月

目　录

第一章　绪论

第一节　问题提出

高职院校完善内部质量保证体系建设是提高我国高职教育效能和竞争力的不可或缺的重要举措。高效能的高职院校需要具备高水平的内部治理能力、充足的办学经费和优质的人力资源三大核心要素。有限的办学资源的充分利用和人力资源的合理调度必须以高水平的内部治理能力为前提,高水平的内部治理能力需要完善的内部质量保证体系作为支撑。

一、科教兴国、人才强国的战略要求

1. 落实科教兴国战略的重要举措

积极发展高等教育是提高国家国际竞争力的关键,这点毋庸置疑。各个国家自20世纪90年代以来就在开展各种高等院校重点建设计划,目的都是快速发展各自的高等教育,建设世界名校,培养卓越人才,助推国家发展。我国"双一流"建设是继"211工程""985工程""2011计划"之后又一项本科、研究生层级的重点建设计划,目的在于加快高层次的研究型和学术型人才的培养,解决国家重大技术难题,建设一批世界一流的大学。职业教育与普通教育是两种不同的教育类型,具有同等重要的地位,高职教育作为高等教育的重要组成部分,在我国高等教育实现大众化迈向普及化以及践行科教兴国战略过程中发挥不可忽视的作用。高职教育无论是学校数量还是在校生数量都已经占据了我国高等教育的半壁江山。2019年特色高水平高职学校和专业建设计划(简称"双

高计划”)启动,“双高计划”是继国家示范性高职院校建设和国家骨干高职院校建设之后的面向专科层级的建设计划,目的是服务国家产业转型升级培养高素质技术技能人才。“双高计划”是我国高等教育重点发展继续实施科教兴国、科教强国战略的重要组成部分,担负着不同人才培养分工的重大使命。

在“双高计划”实施之前,教育部办公厅发布《关于建立职业院校教学工作诊断与改进制度的通知》指出:“提高技术技能人才培养质量是发展现代职业教育的基本任务,是构建现代职业教育体系的关键所在,是主动适应经济发展新常态、服务中国制造2025、创造更大人才红利的重要抓手”,提出:“切实发挥学校的教育质量保证主体作用,不断完善内部质量保证制度体系和运行机制,是持续提高技术技能人才培养质量的重要举措和制度安排”。特色高水平高职学校的遴选条件之一就是“学校具备完善的内部质量保证体系”。

2. 实现人才强国的主要途径

一流的高等教育体系不仅仅需要建设世界一流的大学,还必须有高效能的地方院校和职业院校。这不仅符合不同层次人才对于受教育的需求,也符合劳动力市场对于技术技能型人才的需求,满足人民对美好生活向往的需要。

我国高职教育起步比较晚,以江苏为例,直到2000年前后一部分中等职业院校升格为高等职业院校以后,高职院校的数量才开始剧增,千禧年之前高职院校还不到20所,而截至2018年,高职院校数量已增至90所,大多数高职院校在高职这段形成期的时间不到20年,很多学校的管理理念和管理水平与本科院校相比相对滞后,甚至存在相当大的差距。过去的10年国家示范性高等职业院校建设和国家骨干高职院校建设帮助很多学校发扬了办学特色,在高等教育普及化阶段迅速壮大,为国家培养大量高素质高技能人才,为社会发展和经济增长做出了一定贡献。高水平高职院校建设的重心则是在帮助高职院校提高办学能力和办学质量增加绩效产出,从形成期过渡到发展期继而走向成熟期,为国家产业转型升级培养高素质的技术技能人才。在各省推荐高水平高职学校建设单位所提出的建设目标里面基本都有类似“全面提升办学水平、人才培养质量和服务发展能力,……提供坚实的技术技能人才保障”之类的表述,学校提高办学水平和人才培养质量的核心是具备完善的内部质量保证体系。

3. 提升我国高等教育国际影响力和国家竞争力的重要因素

过去20多年我国采取的高校重点发展计划使我国相当一部分高校迅速成长，基于ARWU排名（上海交通大学“世界一流大学研究中心”研究发布），从2004年到2017年我国大陆地区高校进入世界200强的数量由0所增加到9所，进入世界500强的数量由8所增加到45所（数据来源于ARWU官网）。中国高等教育改革的成功引起了世界的关注，甚至有学者提出了中国是“世界一流”运动的领跑者的论调。高职教育作为高等教育的重要组成部分，同样应予以重视，建设世界一流的高职教育理所应当成为世界一流高等教育体系的一部分。在世界一流大学和一流学科建设方面，我国有很多成熟的经验可以推广，可供高职教育改革参考。在“双一流”建设过程中最受关注的莫过于学校发展质量排名和学科发展质量排名，近年来，各种各样的排名都成为学者们各大论坛讨论的焦点和人们茶余饭后的谈资，2020年第五轮学科评估即将开始，各参与评估高校都围绕评价指标进行最后冲刺。“双一流”的评价体系在实践和争议的反思过程中不断成熟完善，为我国高职教育评价体系完善提供了思路和可借鉴模式。我国作为世界第二大经济体其国际地位和国际影响力都在日益提高，我国的高职教育规模世界第一，需要完善人才培养质量标准体系和评价体系，不断提高人才培养质量，助推国家产业转型升级实现由制造大国向智造强国的转变，对标国际标准，通过提升高职院校办学效能实现人才培养质量与国际标准要求实质等效，服务“一带一路”倡议，输出我国优质高职教育资源和先进的科学技术，展示成功的社会经济发展模式，实现中华民族伟大复兴的中国梦。

二、适应世界绩效改革的趋势

1. 提升社会对高等教育投入产出满意度的需要

19世纪80年代以来，世界范围内掀起了新公共管理运动的改革浪潮，新公共管理提倡在政府公共管理中引入企业化管理模式，强调“经济、效率、效益”，新公共管理强调对政府行为和过程进行绩效评价，强调业绩、结果导向，强调公民权理念，重视信息公开，重视回应公民社会对于公共财政投入和使用的知情权，重视使用者的满意度。各国的新公共管理运动的深度和广度有所差异，通过实施改革都某种程度上提高了公共事务管理的效能。美国最先在高等教育领域实施绩效改革，并且将绩效评价的结果作为下一轮教育拨款的依据，这些措施极大地提高了高校服务的效率，某种程度上这些改革措施帮助美国高校逐渐取代英国和欧洲大陆高校发展成为世界高等教育中心。在中国实行高校绩效评价，这是公共财政体制机制改革的一部分，顺应了世界发展的潮流，这有利于实现我国从高等教育大国到高等教育强国的历史性跨越。

只有高水平的专业才能培养出符合产业转型升级的高素质的技术技能人才，只有高水平的团队才能为行业企业提供高技术含量的技术服务。健全完善而且运行有序的内部质量保证体系是高职院校具备高水平专业和高水平团队的保障，对于提升我国高职院校的办学能力和增加办学绩效、增强国家核心竞争力、奠定国家长远发展基础，具有十分重要的意义。现阶段，国家坚持“一流为目标，学科为基础，绩效为杠杆，改革为动力”的指导思想，坚持以绩效为杠杆即建立激励约束机制，鼓励公平竞争，强化目标管理，突出建设实效，中央财政以奖补的形式通过相关转移支付给予引导支持。奖补的依据必然是建立在对学校建设情况科学评价基础之上的，所以构建科学的高职院校发展质量评价体系是急需研究的问题。高职院校内部质量保证的评价体系是高职院校发展质量评价体系的核心组成部分。只有充分激发各院校发展的内生动力和活力，才能引导各院校不断提升治理能力、增加绩效产出。

2. 完善学校内部财务管理和绩效审计的需要

高等教育大众化阶段向普及化阶段发展过程中，学校规模和数量仍然在不断扩张，对教育资金的需求也在日益增加。但是在一定的时间范围内，国家对于高等教育资金的投入并不会大幅度增长，资金的总量相对有限，从每个学校个体来看，每个学校短期内年财政收入也不会有大幅度的变化，在人力资源投入增加的压力下，用于学校内涵式发展的财政经费非常有限且相对短缺。在实践过程中高等教育资金的短缺以及教育拨款的使用效率低下制约我国高等教育的高质量发展，严重制约我国高校的发展。党的十八大强调政府财政支出的绩效，政府提高高等教育财政支出的使用效率，优化资源配置，建立高等教育绩效评价体系是当下比较热门的研究主题之一。在现代政府公共活动的管理中，基于结果的支出绩效管理在整个政府支出中占据了十分重要的地位。高等教育财政支出绩效评价是提高高校和教育管理部门运行效率、增强责任意识的需要，又是提高高校信息透明度、加强公共监督和推行社会主义民主建设的需要。这一过程，要求高校不仅要关注教育资源的投入，还要重视其产出效果，这有利于增强高校的责任意识，完善经济活动内部控制，改善教育质量，优化资源配置的结果。

如何提高高等教育资源配置效率、如何改善高等教育的服务质量已经成为高校改革的主要内容之一。高职院校相对本科院校在预算管理等经济活动内部控制方面的能力偏弱，如何充分利用有限的资源并提高使用效能、如何预防资金使用风险、如何完善财务管理和绩效审计制度都是内部质量保证需要研究和完善的内容。

三、高等教育普及化发展的必然

1. 平衡“规模扩张”和“质量提升”的矛盾

20 世纪 70 年代，美国著名社会学家马丁·特罗提出了高等教育大众化理论，以高等教育毛入学率 15%以下、15%～50%和 50%以上为界，把高等教育的发展进程划分为精英、大众化和普及化三个阶段，并形成了其高等教育发展阶段理论。1981 年，滕大春先生在《谈谈美国战后高等教育的大众化问题》一文中首次将特罗的理论引介到我国[1]，但直到 20 世纪 90 年代后期该理论才在学界引起一定反响，并逐渐影响到国家教育决策。从全球范围来看，20 世纪末“在有数据可比的 153 个国家中，3%的国家实现了高等教育的普及”[2]，我国正

---

[1] 潘懋元．中国高等教育大众化的理论与政策[M]．广州：广东高等教育出版社，2008：38.

[2] 罗曼菲．国外高教大众化及其经验与教训[J]．惠州大学学报，2001(3)：95-101.

处于大众化阶段向普及化阶段的过渡时期，根据国家和各省市中长期教育改革和发展规划纲要，到2020年，我国高等教育毛入学率将达到40%，东部地区的江苏、浙江、福建、广东等高等教育毛入学率将普遍达到50%甚至60%以上，中西部地区的黑龙江、湖北将超过60%❶。就高等教育大众化的内涵而言，它不仅仅是指高等院校数量的增长和规模的扩张，还包括高等教育的质性变化，如教育观念的转变、教育功能的扩展、质量标准的多元化等❷。

我国高等教育大众化进程中教育质量一直是社会关注和议论的焦点，高等教育的办学质量一直以来都得不到社会的普遍认可。从实际来看，高等教育的质量是否真的下降了呢，笔者认为，答案是否定的。从教育的整体质量来分析，过去的20年，我国本科院校进入世界前500强的数量逐年增多，为国家培养了大批有理想、有本领、有担当的高素质专门人才，为全面建成小康社会、基本实现社会主义现代化、建成社会主义现代化强国提供强大的人才支撑和智力支持；高职教育在世界也具备一定的影响力，为国家培养了大量的活跃在生产、建设、管理、服务第一线的高等技术应用性专门人才，为经济和社会发展做出了应有的贡献。

教育和经济社会发展存在一定程度的脱节是事实也是无法回避的问题，人才培养质量与经济社会发展需要脱节也是不可否认的事实。构建和完善人才培养质量保证和评价体系是保证人才培养质量符合经济社会发展需要，促进人才培养供给侧和产业需求侧结构要素全方位融合，培养大批高素质创新人才和技术技能人才，为加快建设实体经济、科技创新、现代金融、人力资源协同发展的产业体系，增强产业核心竞争力，汇聚发展新动能提供有力支撑，构建政府、院校、社会之间的协同育人机制，促进教育链、人才链与产业链、创新链有机衔接，推进高等教育普及化需要研究和解决的问题。学校的迅速扩张带来的内部治理难度的增加成为众多高职院校快速发展的难题，加之办学经费获取能力的限制和人才流动带来的挑战更加影响学校效能的提高，构建和完善内

❶ 吴岩．高等教育强国梦——中国高等教育区域发展新论[M]．北京：高等教育出版社，2013：106.

❷ 张伟江，李亚东，等．大众化高等教育的质量保障与评价[M]．北京：高等教育出版社，2011：5.

部质量保证体系是各高职院校平衡“规模扩张”和“质量提升”的矛盾的当务之急。

2. 满足社会对多元化教育的需求

政府推动高等教育扩张是因为高等教育对经济增长、全球竞争力、社会公平和社会宽容有一定的贡献,同时高等教育的扩张是市场力量对受教育的人力资本需求的回应❶。高等教育的扩张或多或少与社会对毕业生的知识、技能和获得认证的专业能力的需求同步。公民通过接受教育可以增加获得更安全、更有趣以及收入更高的工作的机会,有助于个人社会地位的改变,这些原因基本是人们对于高等教育需求的共识。

社会对于高等教育需求的多样化必然要求高等教育质量标准的多样化。各行各业不同层次的企事业单位对人才的需求和价值判断标准不一,学习者自身对于个体职业规划和学习需求不一,高等教育应具备不同的人才培养目标和规格。高等教育提供的教育服务需要满足受教育者个人发展、国家经济社会发展、人才市场的需求,精英教育阶段坚持“合格”的质量观,而大众化和普及化阶段应坚持“合用”的质量观,适合的就是优质的。但是适用的质量观存在功利性和市场需求片面性的质疑,所以很多学者提出可持续发展的质量观是与高等教育普及化发展相适应的,强调人的全面发展和可持续发展。信息时代科技进步的速度加快,生产方式在快速变革,岗位需要劳动者个体具备的技能在调整,岗位自身也在变化,甚至可能会出现某个专业对应的岗位在几年之后不再被劳动力市场需要的情况,因此对于学习者终身学习能力的培养和可迁移能力的培养成为高等教育人才培养的主要职责。

为了适应社会和市场发展需要的外适质量和满足受教育者个性发展的个适质量要求,高职院校需要不断调整和完善各专业人才培养质量标准,调整课程体系,以满足社会对多元化教育的需要。

---

❶ 刘念才,程莹,王琪. 从声誉到绩效:世界一流大学的挑战[M]. 上海:上海交通大学出版社,2017:53.

四、高职教育评价理论发展的诉求

1. 深入推进管办评分离的外在要求

教育领域全面深化综合改革，推进管办评分离，必须加快健全学校自主发展、自我约束的运行机制。政府需要转变职能，下放办学自主权给学校，转变为服务者和监督者，通过绩效评价和财政杠杆激励引导学校发展，制定和完善第三方质量评价制度，鼓励和组织社会中介机构作为第三方参与职业院校办学水平和办学质量评价，完善评价标准和评价机制。职业院校作为人才培养的第一责任主体，确保人才培养质量在其生成的过程中首先得到保证，体现职业院校担负主体责任内在自觉性。[1] 政府和学校要积极寻求行业、企业作为利益相关方参与人才培养质量的评价，以结果评价为导向，引导职业院校不断推进人才培养质量的持续改进。

2. 实现高职教育自身发展的内在要求

高职教育一方面需要回应国家和社会对于新技术、新工艺高层次技术技能人才培养满足产业转型升级的需要，另一方面需要回应高等教育大众化阶段对于人才培养的多样化的需求，构建人才培养质量的保证与评价体系制定不同层次的人才培养标准及评价标准是高职教育自身发展的内在要求。高职院校为实现不同层次的人才培养，必须进行管理体制机制改革：需要构建与不同教学组织形式相配套的管理模式；需要对人才培养实施主体即教师进行系统全面的培训，制定多样化的教师发展和评价标准以满足培养不同层次人才的需求；需要构建质量保证体系以确保和实时监控学校教育教学各方面工作是否良性运作；需要构建相应评价体系来衡量学校各方面工作是否取得预期成效。

3. 顺应高等教育国际化发展趋势

信息时代知识经济全球化趋势下，高等教育国际化发展已成为必然趋势。2001 年我国加入世界贸易组织（WTO），在《服务贸易总协定》中，服务贸易的定

---

[1] 任占营．职业院校教学工作诊断与改进制度建设的思考［J］．国家教育行政学院学报，2017（3）：41-46.

义为“从一成员境内向任何其他成员境内提供服务”。服务贸易的范围自然包括了教育服务，即“各国间在高等教育、中等教育、初等教育、学前教育、继续教育、特殊教育和其他教育中的服务交往。如互派留学生、访问学者等”。[1] 我国加入 WTO 之后，可以接受国外的教育服务，也可以打开和进入别国的教育服务领域。随着国家“一带一路”倡议的提出，越来越多的高职院校开始加强国际交流与合作，不少高职院校开始接收东南亚国家的留学生进校进行全日制学习。尽管我国的高职教育得到了部分国家的认可，但是要想继续扩大影响力，输出我国的优质教育资源，必须先获得世界的普遍认可，需要将我国的人才培养质量标准、专业建设标准、课程标准等标准与国际先进标准进行对接，以国内标准与国际标准实质等效作为前提，不断完善高职教育的质量保证与评价体系。

第二节　高职教育质量保证与评价体系的发展趋势

高职教育质量保证体系包括内部质量保证体系和外部质量保障体系。内部质量保证是高职院校围绕自我设定的质量目标通过调整内部治理结构和管理流程，对教育教学活动的全过程进行全方位的自我诊断，并促进学校积极参与和寻找外部质量保障的配合与意见反馈，以不断提高目标的实现情况。外部质量保障对高职院校的发展起指导和监督作用，教育行政主管部门为确保高职院校能够提供优质的教育服务和专业人才，对学校开展评估、审核、认定、监控等评价和管理活动，鼓励和引导社会各类评价机构参与各类评价活动。

一、国外高职教育质量保证与评价体系的发展趋势

1. 国外高职教育质量保证体系

高等教育质量保证运动发起于欧洲和北美地区，我国研究高等教育质量保

[1] 龙永图．世界贸易知识读本[M]．北京：中国对外经贸出版社，1999：103.

证比较早的是陈玉琨教授，他将西方发达国家的高等教育质量保证模式分为三种模式：一是大陆模式，包括荷兰、德国、芬兰、瑞典等国家；二是英国模式；三是美国模式[1]。这些国家的高等教育质量保证工作开展较早，形成了相对完善的体系，他们的高职教育质量保证相应起步也比较早，并经过长时间的尝试、实践和发展形成独特的风格。

德国高职教育的质量保证体系经过一段探索和发展过程，最开始对经济合作与发展组织（OECD）组织的PISA测试进行了探索。伴随全球化的发展，德国高职教育保证体系引入企业的ISO 9000质量标准和欧洲质量管理基金会（EFQM）的卓越模式开始新的尝试，但是学校的公共性和企业的私人性的差异导致他们的目标差异，所以企业的质量标准并不完全适用学校。随后德国高职教育质量保证开始引入瑞士的Q2E模式，并进行本土化且持续发展，致力于促进院校的独立性和自主性发展。德国的高职教育评价方式大致可分为三类，包括外部评价、质量分析和学校审查，以外部评价为主，外部评价以学校自主评价作为基础，由学校内部的督导组织发起。

英国高职教育质量保证体系构建同样经历一个较长的摸索时期最终从弱变强，逐渐成熟，并且仍处于不断改进和完善的进程中。英国的高职教育质量保证主要由各院校自身负责。20世纪60年代英国的全国学位授予委员会专门负责高等教育的质量评价工作，委员会主要有两个职责：一是对新设院校的办学水平和能力进行评价，二是对院校定期进行跟踪评价。20世纪90年代，英国为促进高职教育发展废除了原先的“双轨制”，撤销全国学位授予委员会，成立高等教育基金委员会，高等教育基金委员会下设质量保证委员会负责教育质量的评价工作，将拨款与评价结果挂钩，高等教育基金委员会需要对英国国会负责[2]。1997年英国成立高等教育质量保证署（QAA）负责质量评价工作，至此，英国高职教育质量保证体系建设逐渐稳定、完善并不断改进发展，QAA属于独

---

[1] 陈玉琨，代蕊华，杨晓江，等．高等教育质量保障体系概论［M］．北京：北京师范大学出版社，2004：20，23，34.

[2] 唐霞．英国高等教育质量保证体系［M］．北京：北京师范大学出版社，2012：45.

立的、非营利性的第三方机构。

美国于 1963 年建立了联邦职业教育咨询委员会(NACVF),各州也纷纷建立州立职业教育顾问委员会。联邦职业教育咨询委员会负责审查各州职业教育的规划和实施情况,州立职业教育顾问委员会具体负责职教的管理规划和监督实施。1971 年美国的高职质量保证开始出现第三方的身影,《1976 年职业教育修正案》要求职教雇主作为各州立职业教育顾问委员会成员参与质量评价。美国的高职质量保证主要是采用教育认证制度,由政府委托的第三方非盈利性的中介机构进行评价活动,政府对于第三方评价认证机构的资质会进行严格审查。

2. 国外高职教育质量评价体系

德国高职教育评价体系随着采用的教育标准的变化而相应调整,从注重输入质量的评价向注重输出质量评价转变,起初保证体系是零散的不完善的,由学校自主进行。在引入 ISO 9000 质量标准和 EFQM 卓越模式之后,德国质量保证评价体系建立了比较完善的模型,学校根据质量标准编写质量手册,手册涵盖了学校教学管理方方面面的任务和过程,有利于从外部进行监督评价,可以实现持续改进,这一阶段的德国高职教育评价强调对过程质量的控制。德国高职教育质量保证在引入瑞士的 Q2E 模式并进行本土化后,试行学校自评与外部评价相结合的模式,外部评价表现为元评价,自主评价涉及学校与区域关系、学校和人事管理、各行政事务管理、课堂教学组织和设计、学校自主权扩展等方面内容。

早期英国的全国学位授予委员会主要对院校的课程质量和院校质量进行评价:课程质量评价包括教案、大纲等;院校质量评价包括师资、科研、学生服务、教学计划实施情况、教学资源保障情况等。QAA 对英国高职教育机构的评价包括质量评价调查、高职教育评价、领导制度评价,从评价内容来分析大致分为三类:一是学术标准评价,对高职院校内外部质量保证体系的有效性进行评价,对课程质量标准进行分析;二是教学质量评价,对院校教学计划实施情况、课程质量、学习效果进行评价;三是管理效果评价,对院校内外部质量保证机制运行情况进行评价，评价学生和教职工权益保证制度的运行情况，确保院校的管理模式合乎规范，能够有效为学生和教师服务❶。

美国出台的《1976年职业教育修正案》对各州职业教育顾问委员会构成要求、职业教育评价标准、相关统计数据说明都有相应的完整要求，以确保评价的科学性和标准性❷，每个州也会有各自相应的法规。评价活动由各个州独立自主进行，比如德州每4年对辖区内的高职院校进行一次绩效评价，同行评估和案头审查两种评价方式供被评价院校自由选择，前者由辖区内其他高职院校的专家组成的团队来实施，后者由德州自我成立的高等教育协调委员会来实施。德州的职业教育评价有7个一级指标，包括学校发展目标愿景、资源利用和政策执行、招生与就业、教育成就与产出、继续教育与培训、学术教育质量、劳动力教育项目质量，一级指标下设二级指标，二级指标下又详细列出了评价要点和参照标准❸，院校层面自主评价过程中会根据自身情况制定自评的测量指标。

二、我国高职教育质量保证与评价体系的发展趋势

1. 我国高职教育质量保证体系

我国高职院校发展起步比较晚，1980年包括南京金陵职业大学在内的首批13所高职院校设立，高职教育进入起步探索阶段。国家对于高职的办学质量的管理和监督的主要手段是评估，评估的指导思想和方式方法都参照普通高校。1985年，中共中央发布的《关于教育体制改革的决定》就指出“教育管理部门还要组织教育界、知识界和用人部门定期对高等学校的办学水平进行评估”，明确了教育评估应成为高等学校的一项经常性工作❹。1986年国务院发布《普通高等学校设置暂行条例》，高职院校适用此办法，条例对学校课程、师资、校舍面

---

❶ 胡茂波，朱梦玫．QAA评估视阈下英国高职院校质量保障机制及启示——以诺兰德学院为例[J]．职业技术教育，2016(17)：72-76.

❷ 张宏亮，杨理连．国外职业教育质量评价“第三方”参与状况对我国的启示——以美、英、德、澳四国为例[J]．职教论坛，2016(18)：86-92.

❸ 王永林．美国、欧盟职业教育评估的取向与特征评析——以评估体制与指标为基础[J]．高等教育研究，2015(03)：50-59.

❹ 杨明德，徐枞巍．高等教育评估运行机制的研究与开发[J]．高等教育学报，1991(04)：35-41.

积、体育用房面积等都提出具体要求，提出高等职业学校以职业技术教育为主，主要培养高等专科层次的专门人才。1990 年国家教委发布《普通高等学校教育评估暂行规定》，将普通高等学校评估分为三种：合格评估、办学水平评估和选优评估，对评估机构和评估程序都做了明确的详细的规定，规定指出高职院校要对校内工作开展自我评估。

1998 年伴随高等教育的扩招，高职教育的学校数量和在校生规模都飞速发展，1999~2002 年，高职院校新增 385 所，招生计划占高校招生计划的 60%[❶]，高职教育在这一阶段快速发展，但是其基本都是模仿普通高校的专业管理、课程设置、教材选择，称为本科压缩饼干式教育，人才培养的目标背离了高职教育人才培养的初衷。2000 年 1 月教育部发布《关于加强高职高专教育人才培养工作的意见》，从宏观层面要求高职建立科学合理的教学评估督导体系和完善的分析、评价、反馈制度。2000 年 6 月开始了高职院校的第一次专业层面的择优评估，《关于在高职高专教育中开展专业教学试点工作的通知》提出 5 年内在全国建成 300 个左右特色鲜明、在国内同类教育中具有带头作用的示范专业，以此来引导高职院校进行内涵式发展。

2003 年教育部发布《关于开展高职高专院校人才培养工作水平评估试点工作的通知》，开启了高职高专评估工作，建立了“以评促建、以评促改、以评促管、评建结合、重在建设”的评估原则，在 2004 年正式启动高职高专院校人才培养水平评估工作。2006 年为指导和加快高职院校的规范建设，启动了 100 所国家示范高职院校建设项目。在总结“水平评估”取得的成绩和教训的基础上，2008 年教育部发布了《高等职业院校人才培养工作评估方案》，启动高职院校人才培养工作评估。2010 年国家出台《国家中长期教育改革和发展规划纲要（2010-2020）年》，要求完善符合职业教育特点的教师资格标准和专业技术职务（职称）评聘办法；建立健全职业教育质量保障体系，吸收企业参加教育质量评估，推进专业评价，鼓励专门机构和社会中介机构对高等学校学科、专业、课程等水

---

❶ 刘义武，杨明义．高职高专教育示范性学校评价体系研究[J]．高等工程教育研究，2003(1)：68-71.

平和质量进行评估;建立科学、规范的评估制度,探索与国际高水平教育评价机构合作,形成中国特色学校评价模式;建立高等学校质量年度报告发布制度。2011年国家成立了中国职业技术教育学会教学工作委员会"质量保障与评估研究会",同时每年发布高职教育年度质量报告。

2015年5月教育部发布《关于深入推进教育管办评分离促进政府职能转变的若干意见》,提出构建政府、学校、社会之间新型关系,落实学校办学主体地位,加快建设法治政府和服务型政府,主动开拓为学校、教师和学生服务的新形式、新途径,以推进科学、规范的教育评价为突破口,建立健全政府、学校、专业机构和社会组织等多元参与的教育评价体系。在"管办评"分离的背景之下,总结人才培养工作评估的经验和教训的基础之上,教育部下发了《关于建立职业院校教学工作诊断与改进制度的通知》,自此高职院校内部质量保证体系建设正式启动,9个省27所高职院校成为第一批全国高职院校诊断与改进工作试点单位。根据财政部印发的《行政事业单位内部控制规范(试行)》(财会〔2012〕21号)和《关于全面推进行政事业单位内部控制建设的指导意见》(财会〔2015〕24号)要求,为推动部属各高等学校进一步完善内部控制,提高内部管理水平,教育部研究制定了《教育部直属高校经济活动内部控制指南(试行)》,各省也相继出台了《XX省省属院校经济活动内部控制实施指南(试行)》,要求各高职院校完善预算管理等内部经济活动。合理配置资源、提高有限的资金、预防和减少经济风险也是高职院校构建内部质量保证体系的重要组成部分。

2. 我国高职教育质量评价体系

1991年国务院发布《关于大力发展职业技术教育的决定》呼吁建立职业技术教育的评估制度,制订各类职业技术学校的设置和评估标准。2000年3月教育部发布的《高等职业学校设置标准(暂行)》对高职院校的校长、专业负责人和教师标准提出硬性要求。2003年高职高专人才培养工作水平评估试行了《高职高专院校人才培养工作水平评估方案》,方案包含了办学的6个一级指标和15个二级指标,同时制订了《高职高专院校人才培养工作水平评估工作指南(试行)》《高职高专院校人才培养工作水平评估专家组工作细则(试行)》。

2005 年教育部发布《关于进一步推进高职高专院校人才培养工作水平评估的若干意见》,对评估范围、评估标准、评估专家标准、评估实施过程做了要求。2006 年教育部发布《关于全面提高高等职业教育教学质量的若干意见》,提出五年一轮评估的各项考核指标。2008 年启动的人才培养工作评估启用了人才培养工作状态数据采集平台,平台包含基本信息、基本办学条件、师资、专业等 9 方面信息,同时配套工作评估指标体系,体系分为 7 个一级指标及 22 个二级指标❶。2010 年为提高人才培养质量和办学水平,教育部、财政部发布《关于进一步推进“国家示范性高等职业院校建设计划”实施工作的通知》,将“就业水平和企业满意度”作为评价人才培养质量的核心标准。

2015 年伴随内部质量保证体系建设的启动,教育部出台《高等职业院校内部质量保证体系诊断与改进指导方案(试行)》,将诊断内容细分为 5 个项目、15 个诊断要素和 37 个诊断点,采用学校自评、专家组复核的方式进行评价。2016 年全国职业院校教学工作诊断与改进专家委员会成立,由该委员会负责指导全国高职院校构建内部质量保证体系。委员会于 2018 年末发布《高等职业院校内部质量保证体系诊断与改进复核工作指引(试行)》的通知,提出了相应的评价方法和程序,以引导高职院校完善内部质量保证体系的建设工作。

❶ 周英文,徐国庆. 改革开放以来我国高职教育质量保障政策的演变[J]. 职教论坛,2018(3):74-80.

第二章　高职教育内部质量保证的内涵

第一节　相关概念

一、高职教育

高职教育是高等教育的一种类型，可以视为是与大学体系平行的技术学院体系，与大学体系的人才培养定位有区别，致力于培养技术技能应用型人才。

高职教育首先具有高等性的特征，高等性具有重学科发展的特征，强调教育的学术质量、知识质量，要求培养对象具有高水平的整合专业知识、技能以及高水平的可迁移能力。高职教育在办学理念上更加强调服务区域经济社会发展，更加重视职业性、服务性和区域性，强调产教融合，不断提升对产业发展的贡献度，积极与学校所在地域及周边的企业开展校企合作，致力于培养高素质的技术技能人才。伴随全球化、国际化进程的加速，我们的高职教育又迎来了新使命，要求各院校不断增强国际交流与合作，响应"一带一路"倡议，提升国际交流能力与水平，实现"引进来、走出去"，将专业标准和课程标准与国际先进标准对接，扩大国际影响力。高职教育质量保证的过程中需遵行其高等性、职业性、区域性和国际化的特性要求[1]。

二、高职教育质量观

高职教育质量是多层面的复杂多样性的，高职教育利益相关者从不同的视

---

[1] 吴伟．高职院校质量保证视域下内部专业评估研究[J]．职教通讯，2018(5)：61-65.

角对其加以理解和解释，形成不同的质量观。根据《教育大辞典》的解释，教育质量是指“教育水平高低和效果优劣的程度”“最终体现在培养对象的质量上”“衡量的标准是教育目的和各级各类学校的培养目标。前者规定受培养的一般质量要求，亦是教育的根本质量要求；后者规定受培养者的具体质量要求，是衡量人才是否合格的质量规格”[1]。不同历史阶段教育的目的不同，衡量目标的实现程度以及质量优劣的标准也是不断变化的，不同层次的学校人才培养目标不同，所以高职教育质量观呈现出不断变化和多样的特征。

2000 年，教育部发布的《关于加强高职高专教育人才培养工作的意见》（教高〔2000〕2 号）中提到高职教育的目标是培养适应生产、建设、管理、服务第一线需要的，德、智、体、美等方面全面发展的高等技术应用性专门人才；学生应在具有必备的基础理论知识和专门知识的基础上，重点掌握从事本专业领域实际工作的基本能力和基本技能，具有良好的职业道德和敬业精神。教育部、财政部颁布的《关于进一步推进“国家示范性高等职业院校建设计划”实施工作的通知》（教高〔2010〕8 号）要求发挥高职院校培养高素质高级技能型专门人才的重要作用。2012 年 6 月，教育部颁布的《国家教育事业发展第十二个五年规划》（教发〔2012〕9 号）将高职教育的人才培养目标定位为“产业转型升级和企业技术创新需要的发展型、复合型和创新型的技术技能人才”。《国务院关于加快发展现代职业教育的决定》（国发〔2014〕19 号）的颁布，使高职教育人才培养目标进一步明确定位为“培养服务区域发展的技术技能人才，重点服务企业特别是中小微企业的技术研发和产品升级”。2019 年国务院发布的《国家职业教育改革实施方案》（国发〔2019〕4 号）提出高职院校要培养服务区域发展的高素质技术技能人才，重点服务企业特别是中小微企业的技术研发和产品升级，加强社区教育和终身学习服务。

从国家对于高职教育人才培养的要求我们可以将普及化阶段高职教育质量分为以下五类：一是“卓越”或者“一流”的质量观，只有以一流为目标才能培

---

[1] 顾明远，等．《教育大辞典》增订合编本（上）[M]．上海：上海教育出版社，1998：798.

养出高技能的人才；二是符合消费者愿望和需求的质量观，适应学生和社会的需要，以学生和社会的满意作为标准；三是目的适切性的质量观，以达成教育目标为标准；四是整体性的质量观，强调人才培养的全面发展和对社区及职业生活的贡献度为标准；五是可持续发展的质量观，以培养的学生能够适应未来社会的变化为标准。

三、质量保证和质量保障

质量保证和质量保障是当前国内高等教育质量管理研究中的比较常见的两个概念，在英文中二者的表述均为“Quality Assurance”。该英文名词在工商业界一般则被译为质量保证，其释义是为了提供足够的信任表明实体能够满足质量要求，而在质量体系中实施并根据需要进行有系统的活动❶。但在现代汉语中，保障一词具有两方面含义：一是保护（生命、财产、权利等），使不受侵犯和破坏；二是起保障作用的事物。而保证一词的释义则为：担保；担保做到；确保既定的要求和标准，不打折扣；作为担保的事物❷。从关于保障和保证的释义比较中，可以看出，保证具有“承诺，使人确信”之意，而保障则更多注重于“后勤、物质、条件和环境等方面的供给与调适”❸。基于此，在高职教育质量保障的语境中，可以将保障理解为保护高职教育质量，使其不受侵犯和破坏，使高职教育利益相关者能够感知到高职教育质量的确定性，从而维护高职教育作为我国高等教育发展过程中一个新类型的合法性地位。而在高职教育质量保证的语境中，则可以将保证理解为担保和确保高职教育质量能够满足政府、高职院校、行业企业、学生群体、教师群体以及社会公众等高职教育利益相关者的需要及其满足的程度，并以整合性质量改进模式将院校自身发展、师生发展以及满足社会公众质量问责有机结合，是一个双赢的质量发展模式。事实上，在高等教育

---

❶ 李汉邦，张循哲，罗伟青．“高等教育质量保障”与“高等教育质量保证”之概念辨析［J］．湘潭大学学报：哲学社会科学版，2008（5）：136-138，153.

❷ 中国社会科学院语言研究所词典编辑室．现代汉语词典［M］．6版．北京：商务印书馆，2015：46.

❸ 安心．高等教育质量保证体系研究［M］．兰州：甘肃教育出版社，1999：3.

质量保障领域,卡瓦斯倾向于从政府政策的角度对高等教育质量保障进行界定的定义被广为接受和引用❶,即质量保障就是要求高等院校接受某种形式的外部审查的政府政策❷,而质量保证是高职院校作为办学主体和质量生成主体,为使高职教育利益相关者确信其办学能满足他们的质量诉求,针对高素质技术技能人才培养的关键要素,通过自身系统化的努力以实现质量的自我可持续改进。因此,内部质量保证体系是指由高职院校自行建立的由组织机构、目标体系、标准框架和运行机制构成的,适应自身发展特色的办学质量保证体系。❸

四、高职教育评价

评价是基于事实判断的价值判断,主要有两种方法:定量和定性。史秋衡认为,高等教育评价是依据一定的高等教育价值,在决策科学化的基础上,对高等教育机构教学活动、教学条件、教学效果进行系统考查和多视角的综合评判,以保障和促进高等教育机构持续改进的过程。❹ 高职教育作为高等教育的组成部分,其定义可以参考高等教育评价。高职教育评价的目的是诊断教育过程出现的问题,寻找改进的方法和途径,不断改进教育质量。

五、高职教育评价模式

通过对国内外研究教育评价模式的文献进行梳理,这里选取几个典型的模式进行分析。

一是目标模式。科学管理之父泰勒在美国经过长达八年的一次课程改革研究形成了目标教育评价模式,它的主要思想是确定教育目标实现程度的过程,目标是核心和关键,评价的过程包括了时态的把握与价值的判断,学生实际

---

❶ 苏永建. 试论高等教育质量议程中的质量保障与质量提高[J]. 中国高教研究,2016(5):58-62.

❷ EI—Khawas E. Accountability and Quality Assurance: New Issues for Academic Inquiry[C]//Forest J J F, Altbach P G(Eds). International Handbook of Higher Education. Dordrecht, Netherland: Springer, 2006:24.

❸ 王亚鹏. 高职教育质量行动议程中的高职院校内部质量保证体系建设[J]. 职业技术教育,2017(25):39-43.

❹ 史秋衡,吴雪,王爱萍,等. 高等教育大众化阶段质量保障与评价体系研究[M]. 广州:广东高等教育出版社,2012:29.

的行为变化是评价的事实依据。目标模式对于实施评价的方法、步骤以及评价结果的运用都做了说明，将评价过程分为以下几个步骤：确定教育目标、设计评价情境、选择评价工具和编制分析评价结果、评价结果运用。[1] 通过将评价结果作为改进教学提高教学效果的依据，反馈到实施方案的设计中，实现不断改进的功能。泰勒的管理理论经过演变发展，形成了全面质量管理理论，其理念和模式都以目标模式作为基础。

二是 CIPP 模式。CIPP 教育评价模式是由美国的斯塔弗尔比姆提出，它将评价过程分为：背景评价、输入评价、过程评价、成果评价四个环节。背景评价主要是确定和描述目标，对被评价对象的背景进行分析，分析其优势以及劣势，评估目标的适当性和可行性。输入评价主要是条件评价，对目标实现的方案和程序的各方面进行分析，评价方案的合理性、可行性和适用性。过程评价是对实施过程进行评价和反馈，即形成性评价，为决策者提供信息，诊断方案和实施过程存在的问题，提出改进的建议，不断调整和改进实施过程。成果评价是对目标的实现情况进行评价，即终结性评价，对方案取得的成果进行测量、解释和价值判断。

三是第四代教育评价模式。美国印第安纳大学的库巴和韦德比尔特大学的林肯提出了第四代教育评价理论，1989 年他们出版了《第四代教育评价》专著。他们将教育测量称为第一代教育评价模式，泰勒的目标模式称为第二代教育评价模式，CIPP 模式属于第三代教育评价模式。他们在总结前三代评价模式不足的基础上，提出评价是一种心理建构过程，是评价主体对于评价对象的主观性认知，评价的结果并不是对事实的真实、客观描述，而是参与评价的评价主体对于评价对象的认知的共识。第四代教育评价模式关注现实生活中价值体系的多元性，致力于使评价获得各种文化背景的人普遍认可，更加注重对于评价结果的使用。

四是 BSC、ISO 9000 模式。美国哈佛大学的卡普兰和复兴方案公司总裁诺

---

[1] 张伟江，李亚东，等．大众化高等教育的质量保障与评价［M］．北京：高等教育出版社，2011：150.

顿首次提出了平衡记分卡(BSC)的概念,平衡记分卡的理论价值和实践价值得到公共部门和私人部门的广泛好评和充分认可,经过30年的发展和运用,已经成为一种比较成熟和主流的绩效评价方法,被称为"最具影响力的战略管理工具",是一种着眼于组织发展战略有效性的管理理念和系统管理方法❶。平衡记分卡从财务、顾客、内部流程和学习与成长4个维度构建测评系统,试图通过4个维度所包含的指标以及各指标之间的内在联系体现组织战略规划实施和战略规划修正过程,通过在4个维度设置适当指标进行为实现组织战略规划目标的绩效管理。平衡记分卡在世界范围内的各大型著名企业以及各国各层级的政府和公共服务部门得到很好的运营,运用于高校管理进行评价与改进的案例也并不少见,英国的爱丁堡大学、美国加州大学圣迭戈分校都是较早使用平衡计分卡进行院校绩效评价的高校。ISO 9000是国际标准组织以英国标准局的BS 5750标准为基础,参考加拿大标准CSA 2299和美国标准ASGC 21.15等标准制定的❷,用于工商企业界的质量管理标准,其管理理念和方法进行合理运用也适用于教育领域。英国和德国的高校最早引入ISO 9000标准用于保证教学质量进行管理流程的重塑,尽管对于ISO 9000用于教育领域饱受争议,但是其理念和方法对于提高教育质量有很大帮助是不可否认的事实。

六、质量文化

功能主义学派的文化人类学家马林诺夫斯基提出"文化三结构"学说,将广义的文化分为物质、制度和精神三个层面。物质层面文化指人类物质劳动及其产物,是具体的外在表现和显性存在。制度层面文化指人类为社会活动和相关实践建立起来的各种制度规范及其相关体系。精神层面文化指人类在社会实践和意识活动中长期育化出来的价值观念、思维方式、审美趣味等,是文化结构无形的内在本质。文化的三层次理论在国内获得了较多学者的认同和使用。

---

❶ 李长青.构建平衡计分卡理论的高校教学质量评价指标体系[J].高教探索,2014(6):137-141.

❷ 陈玉琨,代蕊华,杨晓江,等.高等教育质量保障体系概论[M].北京:北京师范大学出版社,2004:24.

学校的校园环境、建筑中能够起到文化思想宣传作用的东西以及特定的文化建筑（比如雕塑和博物馆）都是内部质量保证体系建设过程中物质层面的质量文化。内部质量保证过程中设计的部门考核办法、个人考核办法以及学校自主制定的职称评审制度等得到教职工的广泛认可就形成了制度层面的质量文化。对绩效优秀的教职工进行重奖；对绩效较差的教职工进行惩罚甚至辞退；考核过程不进行任何排名，奖励政策不鼓励拉大贫富差距，目的只为督促全体教职工不断进行自我反省、加强自我学习和自我工作方式的改进以提高效率，内部质量保证体系中这些经过长期实践并得到组织内教职工普遍认同的价值观和处事方法就是精神层面的质量文化。

第二节　高职教育质量保证的基本内容

一、内部质量保证的思路

1. 内部质量保证的要求

《高等职业院校内部质量保证体系诊断与改进指导方案（试行）》（教职成司函〔2015〕168 号）文件要求各高职院校按照"需求导向、自我保证、多元诊断、重在改进"的工作方针，提升质量意识，建立完善质量标准体系、不断提升标准内涵，在学校、专业、课程、教师、学生不同层面建立起完整且相对独立的自我质量保证机制，强化学校各层级管理系统间的质量依存关系，促进全员全过程全方位育人。内部质量保证体系是高职教育质量保证体系的主体强调内涵建设，其核心就是提高专业的人才培养质量，而自我保证、多元诊断、重在改进就是要求各院校持续对人才培养的模式进行改进，诊断的结果即改进的依据，学校内部的专业评价是最主要的诊断方式和途径，同时引入社会评价以及接受主管部门政府的监督和评价形成综合诊断结果从而进行改进，实现诊断—改进的人才培养质量的持续保证。

质量保证体系所要求的完善质量标准和各项管理制度体现其满足学科发

展强调高职教育的学术质量即高职教育高等性和职业性的内适质量的需要，其要求提高利益相关方对人才培养工作满意度体现其对于高职教育区域性的外适质量回应，其提出促进全员全过程全方位育人的要求符合现代教育理念坚持人的全面发展的个适质量的需要，要求高职院校树立以学生为中心的教学理念以及终身学习和终身教育的理念，服务于师生的全面发展。人才培养的国际化进程虽然没有在内部质量保证体系建设文件中明确，但是在全球化和国际化进程加速的国际环境之下，响应国家“一带一路”倡议，人才培养主动对接国际标准也应成为内部质量保证体系的一部分。

2. 内部质量保证的层次

内部质量保证的内容涵盖了学校管理的全部工作，功能在于保证人才培养、社会服务、科技研发、国际交流和文化传承各方面工作的质量，要求学校全面深化体制机制改革，以适应国家、社会、人民对美好生活向往的需要以及对人民满意的高职教育的需要。

从学校管理的宏观层面来看，内部质量保证需要学校加强规划发展的能力，提升民主决策和科学决策的能力，提高资源统筹调度的能力，指挥全员参与的能力。

从学校管理的中观层面来看，内部质量保证需要学校下移管理中心，强化职能部门的服务意识、业务学习能力、制度供给能力，提高二级学院办学能力和水平，发挥二级学院作为人才培养主体的活力和创造性，强化教研室专业建设和课程建设的能力。

从学校管理的微观层面来看，内部质量保证需要学校服务教职工和学生的个人发展，提高他们的满意度，提升服务教职工专业发展的能力，帮助教职工教学能力和专业研究能力的发展，为教职工提供广阔的职业前景和可选的职业发展通道，提高学生在校学习和生活的满意度，提升学生的获得感和可及性。

3. 内部质量保证的标准

质量标准是高职院校基于高职教育教学发展规律对政府、行业企业、师生以及社会大众等利益相关者诉求的整合与表达，在内部质量改进的实践中起作用。内部质量保证聚焦学生学习过程和学习体验，对接相关国际质量标准、国家教育质量标准、行业质量标准，持久建设不断完善，建立健全覆盖学校、专业、课程、教师、学生五个层面的质量标准体系，发挥标准在质量改进中的基准和引领作用，激发作为质量生成主体的师生对日常教育教学活动过程的高投入，形成良性循环。

在学校层面，厘清部门工作职责，制（修）定各项工作的程序性规定（管理与服务工作的流程化、信息化建设）如部门工作绩效目标达成标准、管理干部工作绩效目标达成标准、教职工个人工作目标绩效达成标准、教育教学生活服务质量标准等。根据二级学院（部）的发展基础、办学潜力和面临挑战的不同，形成“目标考核、分类考核、底线考核”的绩效评价标准体系。制定质量信息统计标准和质量信息定期发布规定等。

在专业与课程层面，建立健全教学资源保障标准、教学主要环节质量标准、专业设置准入与退出标准、专业人才培养方案编制标准、专业建设诊改标准、课程制定标准、课堂教学质量标准、毕业设计（论文）质量标准、实验（实训）教学质量标准、顶岗实习质量标准、入学教育质量标准、学生学业考核质量标准、课程评价标准等。开展“金课”建设行动，大力发展以共同成长、共同进步为目标，在课内课外和线上线下彼此信任、相互交流、联系紧密、互动频繁、友好和谐的师生学习共同体，将人才培养质量的提升通过课程在课堂教学中的有效实施进行落实。

在教师层面，立足“铸师德，强师能”，建强教师发展中心，建立健全教师专业发展标准，完善教师专业发展支持系统，助推教师从适应阶段、成长阶段向称职阶段、成熟阶段专业化发展。完善教师职称评审标准、岗位聘任标准、兼职教师任职资格标准、“双师型”教师评审标准。重视课堂教学质量评价在教师考核评价中的重要地位，营造“敬畏课堂、追求卓越”的优良教学文化。完善教师教学荣誉体系和表彰机制，引导和激励教师立足课堂潜心教书育人，建设一支高水平“双师”素质教师队伍，实现以教师转型发展引领学校转型发展。

在学生层面，落实立德树人根本任务，坚持"学生为中心"，聚焦学生学习过程体验和学习成果，围绕学生发展核心素养，建立学生综合素质发展标准，完善学生发展服务体系。根据学生身心发展和产业发展对高素质技术技能人才知识、素质、能力的要求，构建具体明确可分解、可评估、操作性强的目标体系，切实提升培养目标的设计质量，合理增加学生学业挑战度，用较高较严的标准要求学生学业，并赋予学生更多的学习选择权，激发学生的内生学习动力和专业志趣，引导学生用心学习，练就过硬技术技能，传承工匠精神，培养职业道德，真正将质量提升体现在学生的成长成才上。

二、内部质量保证的组织架构与运行

本着"统一"和"效能"的原则，高职院校要通过内部管理体制机制的创新，健全内部"校—二级学院—专业（课程）"三级质量保证组织体系（图 2-1），形成学校质量管理委员会质量决策、质量管理办公室执行决策和协调运行、二级学院质量生成、行政职能部门协作、师生主动参与的质量保证组织体系。

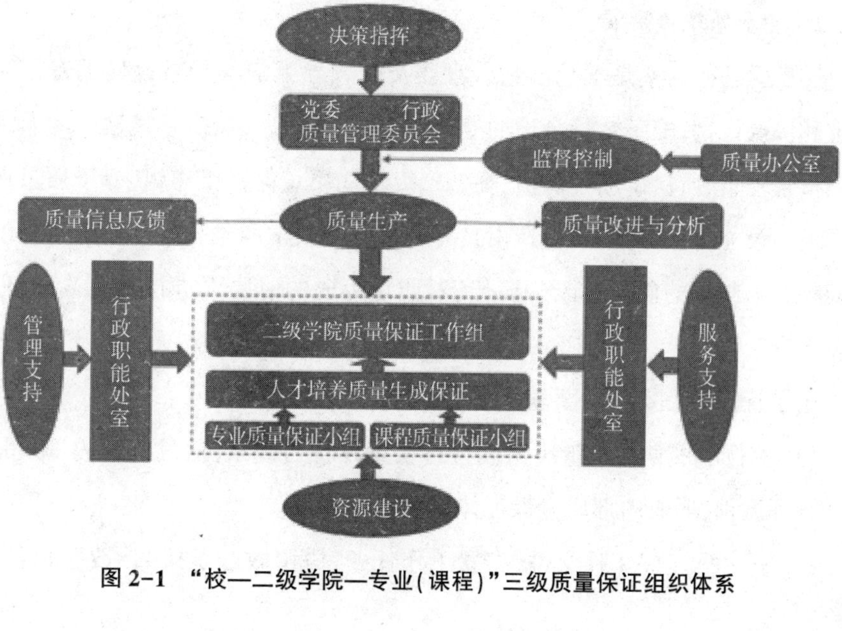

图 2-1 "校—二级学院—专业（课程）"三级质量保证组织体系

1. 质量管理委员会

成立由党委书记和校长为主任的学校质量管理委员会。委员会成员由学校党政聘请和任命,主要由学校党政主要领导、资深教师代表、行业企业专家、管理经验丰富的职能部门负责人代表、高年级学生代表以及优秀毕业生代表组成。学校质量管理委员会下设质量管理办公室。

质量管理委员会的主要职责是:

(1)在学校党委和行政的共同领导下,对接外部质量保障要求,依据学校的办学宗旨和发展目标做好内部质量保证体系的顶层系统化设计、统筹推进质量工作,进行质量改进决策,避免重复重叠建设和盲目投入。

(2)全面负责学校内部质量保证体系"诊改"工作,定期听取工作汇报,研究与决策"诊改"工作中的重大事项,指挥协调各部门、各单位及各二级学院共同推进"诊改"。

(3)审定学校内部质量保证体系自我诊断报告、人才培养质量年度报告、人才培养工作状态数据分析报告等。

(4)统筹学校"诊改"抽样复核工作。

2. 质量管理办公室

质量管理办公室是学校质量管理委员会领导下的学校常设性的专门质量管理和协调机构,配备数量合理的专业专职质量管理人员。学校建立专兼结合的质量管理员、质量诊断师队伍,在各二级学院质量保证工作组、专项质量保证工作组中设立质量管理员,打造由具有丰富一线教学经验积累和研究水平的高级职称教师组成的质量诊断师队伍,对质量生成的诸要素进行系统诊断,促进质量提升。

质量管理办公室的主要职责是:

(1)执行学校党政质量决策和进行质量评价与诊断,通过整合内部质量保证和管理流程,形成内部质量保证体系"诊改"机制。

(2)下达"诊改"工作文件、布置工作任务,协调做好学校"诊改"抽样复核工作。

(3)撰写和公开发布学校年度内部质量保证体系自我诊改报告,并指导相关部门将学校自主诊改情况写入学校年度人才培养质量年度报告。

(4)定期向学校质量管理委员会汇报内部质量保证体系建设、运行和诊改情况,发布或通报相关工作信息。

(5)负责协调二级学院、职能部门对学校内部质量保证体系各层面质量要素进行梳理,开展质量管理制度规划、质量数据推送、数据分析提炼与诊断工作。

3. 二级学院质量保证工作组

二级学院是学校人才培养实施主体和质量生成主体,建立二级学院质量保证工作组。二级学院质量保证工作组组长由二级学院党政负责人共同担任,其成员由7~9人组成,成员至少包括学院党政负责人、资深教师、中青年教师代表、教育教学辅助人员代表、行业企业代表、高年级学生代表或优秀毕业生代表。二级学院质量保证工作组成员由二级学院聘请和任命。

二级学院质量保证工作组的主要职责是:

(1)贯彻学校质量保证决策,研究本单位质量“诊改”方案设计和工作部署。

(2)根据本单位自身发展、所辖专业(课程)以及教与学发展需要和主要矛盾,通过审核专业人才培养方案和教学计划、专业质量评价、课程质量评价、考核诊断教师发展质量和学生发展质量等管控本单位质量生成过程和关键要素,促进质量自我不断改进。

(3)负责梳理本单位质量保证体系中的质量要素,开展质量管理制度规划、质量数据管理与报送、数据提炼分析与诊断工作。

(4)撰写并向学校质量管理办公室提交二级学院年度质量保证自我诊改报告。

(5)做好上级教育行政部门对学校内部质量保证体系的诊改复核有关准备工作。

“二级学院质量保证工作组”下设“质量保证办公室”,设立质量管理员,在质量保证工作组组长的领导下负责本学院质量保证日常管理工作事宜。二级学院要建立本单位所辖各专业(课程)质量保证小组,组长由教研室主任担任。

三、内部质量保证的评价

高职人才培养质量的质量生成主体和保证主体是学校,构建内部质量保证的目的是实现学校治理能力的提升和人才培养质量的持续提高,实现学校各项工作质量诊断—改进螺旋上升发展,促进学校高水平和高质量的可持续发展。在内部质量保证体系的运行过程中,学校开展评价和诊断活动应该结合国际经验,只有将学校内部自我评价和外部评价相结合,才能保证评价工作的合理性、科学性和合法性,为诊断和改进工作提供准确依据。

1. 学校自我评价

高职院校自我评价是内部质量保证体系评价的基础。学校坚持结果导向的原则,确立长期发展愿景和阶段性事业发展规划以及年度发展目标,通过将年度工作目标进行任务分解形成各职能部门和二级学院的部门年度工作任务,再进一步分解形成个人年度工作任务,然后进行部门年度考核、个人年度考核、干部年度绩效考核等,通过各种分项目的考核结果来评价学校年度目标任务的达成情况。每个部门在被绩效考核之前需提交部门工作质量自评报告,评价以自评报告内容作为主要依据。学校除进行上述纵向的评价,还可以依据一定的理论对发展愿景和质量进行综合评价,分析学校各项活动的成果与发展愿景之间的内在联系,诊断制约学校发展的症结所在。

2. 企业或中介机构参与的外部评价

企业和中介机构参与评价的主要目的有两方面:一方面是辅助学校进行自评,用人单位对人才培养的质量最具发言权,学校进行人才培养方案和模式的创新只是在尝试提高人才培养的质量,但是质量是否提高最终需要用人单位进行长期跟踪和判断,这项评价工作可以是学校委托企业进行也可以是学校委托专业的中介机构进行;另一方面是满足社会对于各高职院校发展情况的知情权的获取,并且形成对各高职院校提高人才培养质量的外部反馈和监督,用人单位可以通过中介机构的外部评价结果了解哪些学校培养的人才符合自身需要，学生和家长可以通过外部评价结果了解自身感兴趣的专业哪些学校办的比较好。外部的评价结果可以帮助学校更加全面的诊断制约人才培养质量的问题，审视办学定位，反思和重新规划更加合适的发展愿景和目标。

3. 专家组复核

由全国职业院校教学工作诊断与改进专家委员会组建专家组对各院校内部质量保证体系的建设情况进行复核。专家组复核也属于外部评价，应该是价值中立的，并不评价各高职院校人才培养质量的优劣。专家组复核的重点是评价内部质量保证体系建设是否完整且运行正常：考察目标链与标准链的科学性、系统性、可行性、实施情况及成效；考察五个层面质量诊断——改进建设的科学性、覆盖面、可行性、实施情况及成效；考察学校质量文化和机制引擎驱动与运行情况及其运行成效；考察学校平台对内部质量保证体系运行的支撑情况。

第三节　高职教育内部质量保证的特征

一、内部质量保证的原则

1. 主体性原则

主体性原则是指高职院校承认、重视并恪守自身作为办学主体应切实履行人才培养质量的主体责任。高职院校自身及其全体教职工和学生是内部质量保证体系的建设者和实施者，质量的自我诊断和改进是高职院校基于办学自主权进行资源要素配置和特色办学决策，围绕学校章程形成的自我约束、激励、改进和发展能力的体现。高职院校全体管理人员、教师和学生应清楚了解并切实践行自身的使命、愿景和责任，树立质量保证常态观念，主动围绕学校的办学宗旨和发展目标开展教与学活动，以质量“自律”赢得社会、政府和行业企业的信任和办学资源投入。

2. 系统性原则

高职院校内部质量保证体系之所以被称为体系，本身就意味着系统和完整[1]，是一个集目标、标准、组织、诊断、反馈及效能改进于一身的闭环系统，其效果体现了系统论中的“整体大于部分之和”的原理。建立健全高职院校内部质量保证体系要囊括人才培养全过程，从学生学习、教师教学、师生互动到校院办学资源分配、专业与课程建设，再到学校整体发展战略规划、发展定位，实现“点、面、体”的覆盖，围绕目标、标准、组织、诊断、反馈以及效能改进五个相互支持、相互制约、相互促进的子系统整体着力，将零散的质量“要素”组合形成结构化、系统化的内部质量保证系统形态。

3. 科学性原则

科学性原则是指高职院校基于对我国大众化阶段高职教育发展理念和高职教育办学规律的理性认识，根据学校在学校、专业、课程、教师、学生不同层面的发展需要和主要矛盾，精准发力，补齐培养短板，形成不同层级完整而又相对独立的质量保证机制，体现规范性和创新性。内部质量保证要科学合理地确定质量自我诊断与改进的内容、周期、工具和程序，以学校人才培养工作状态数据信息和相关事实为基础进行公开透明、科学和规范的诊改，激发教师和学生的内生质量动力，为利益相关方以协商和对话方式共同致力于质量改进搭建制度平台。

4. 刚性原则

刚性原则是指内部质量保证体系运行的强大执行力。高职院校内部质量保证体系及其运行能否发挥应然效能，关键取决于是否能够得到严格执行。内部质量保证体系及其运行要不折不扣地执行由国家、行业以及学校质量标准构成的质量标准体系规定，紧扣“学生发展”是质量保证的核心追求，严格执行学校自身的质量政策和规章制度，用强大的教育教学执行力来保证质量，使质量保证活动走上依章、依规运行的“法治”轨道。

---

[1] 刘振天．系统·刚性·常态：高等教育内部质量保障体系建设三个关键词[J]．中国高教研究，2016(9)：12-16.

5. 常态化原则

常态化原则是指内部质量保证体系的设计和运行要克服以往质量改进和提高实践中的“去情景化”和“非常态化”弊端,与作为质量保证主体的高职院校自身及师生的日常教育教学和生活过程一致,使自我改进和追求卓越质量以“情境化”的方式内化为学校日常运行、教师教育教学和专业发展以及学生学习生活的本来过程,成为全体教师和学生共同信奉的价值观和内在追求,转化为学校自身和全体师生员工“自发式”的质量承诺和质量改进行为。[1]

二、内部质量保证评价标准的“五个度”

我国高等教育质量评价标准的“五个度”涵盖了高等学校人才培养过程的各个环节:一是学校人才培养目标与培养效果的达成度;二是学校办学定位和人才培养目标与社会需求的适应度;三是教师和教学资源对学校人才培养的保障度;四是教学质量保障体系运行的有效度;五是学生和用人单位的满意度。高职教育作为高等教育的组成部分,其内部质量保证评价标准适用高等教育质量评价标准的“五个度”。

培养目标和效果达成度是指培养单位制订的人才培养目标实现的程度,通过学校所制订的人才培养目标、专业结构、课程体系实施来体现。培养人才是高等教育的核心职能,需要依据教育目的、学校办学定位及各专业人才培养目标而进行。相比制定培养目标更重要的是落实培养目标和培养出达到目标要求的人才。评价人才培养目标质量与实际学生培养质量之间是否存在差异,可以通过学生各方面表现判断培养目标达成程度,人才培养质量暗含于培养目标达成度中。

社会需求适应度指学校适应社会各类需求的程度,采用从外部观察和检验学校内部的视角,通过学校办学定位体现。社会对学校及学校培养人才的需求包括政治、经济、文化等方面。经济需求目前处于主导地位,经济增长趋势,行

[1] 王亚鹏. 高职教育质量行动议程中的高职院校内部质量保证体系建设[J]. 职业技术教育,2017(25):39-43.

业兴衰变化,用人单位技能要求等都随着科技和社会发展而日新月异。“适应”意味着随外部环境变化而改变,应外部要求而发展壮大。满足社会需求,培养社会所需的人才是学校存在的意义。学校适应社会需求主体包括学生和组织自身,具体体现在经济、行业和企业三个层面。

教师和教学资源保障度是学校教师数量和水平以及教育资源等条件达到和支撑办学定位及人才培养目标实现的程度。学校的建立和正常运转以教师、学生和一定水平的办学条件为基础。教师对教育质量提高具有中心地位,教师和占地、建筑、仪器、经费等是支撑学校办学定位和人才培养目标达成的必要条件。学校定位办学目标应与教师和条件相符,低水平的教师及条件难以支撑高标准的目标定位。

教学和质量保障体系运行的有效度是指教学活动及内部质量保证体系运行的有效程度。有效教学是具有清楚明晰、充分准备、合理组织、关注学生、促进发展、富有热情等特征的课堂教学,是高质量教学的代名词。教学质量是影响学生学业成绩和收获的最大因素,教学活动是学校教育活动的主体。内部质量保证体系是保证高质量教学和人才培养等学校整体质量的一系列制度、措施、人员、活动和专项工作,其有效运行体现学校质量责任主体的职责。有效教学与课程设计实施、教材使用、学生参与、课程评价和教师教学水平有关,有效的质量保证体系在某种程度上是评价的要点。

学生和用人单位满意度是指高等教育主要利益相关方学生和用人单位对学校教育教学各环节以及毕业生知识、能力、素质等内容主观判断的满意程度。满意是由于客观情况符合或超过主观预期,而产生的一种积极的心理状态。满意的情绪促进学习和工作向着更好的方向发展,体现出高校工作取得和达到了一定效果。满意度成为衡量学校满足学生和用人单位需求的主要指标,学生满意度反映高校各个环节实际工作效果与学生群体预期之间的匹配程度,用人单位满意度反映高校毕业生实际工作岗位中各方面表现与用人单位预期之间的匹配程度。

三、内部质量保证的价值取向

1. 工具理性的强调

在新公共管理的影响下，政府开始简政放权，通过深化放管服改革，让学校成为办学主体，而政府成为质量的监督者和问责者。政府通过强化各种质量评价，将经费补助与绩效表现挂钩，加强对学校的质量问责。

学校为获得更多更好的生源，为获得更多的办学经费，都需要强调绩效产出。只有增加绩效产出学校的社会影响力才能提升，学校的排名才能提升。学校知名度和排名的提升会吸引优秀的教师和学生的加入，从而促进学校的绩效产出并获得更多的办学经费，形成良性循环。

高职院校作为高职教育的实施机构其核心使命是立德树人。我们绝大多数高职院校的举办方都是政府，学校不以盈利为目的属于公共部门。公共部门普遍存在产出难以量化和职责边界不清晰的问题即部门职责和个人职责难以清晰界定，这些问题造成公共部门考核难和问责难，职工“搭便车”行为较为普遍，推诿扯皮、消极怠工、人浮于事的现象屡见不鲜，高职院校内部治理也存在这些问题。内部质量保证体系强调目标链和标准链的打造与实施，要求两链打造需遵循SMART原则，做到可测量、可评价、可考核、可报告。其全员全过程全方位的参与原则以及日常性考核、年度考核、阶段性考核（三年一周期）的原则充分体现了全面管控的倾向，通过打造两链和管理流程的重塑从而明确部门职责和个人职责，结合各阶段定性和定量的考核以期提高管理的经济性、效率性和效益性。

高职院校的内部质量保证体系强调工具理性。内部质量保证体系通过深化部门绩效考核和个人绩效考核制度改革并结合信息化管理平台的建设，凭借大数据支撑和大数据分析使考评更加科学合理，目标是实现管理不再凭经验、决策不再拍脑袋、奖惩不再凭好恶，并且配套相应激励机制，试图以提高全员对于管理的满意度来激发全员工作的积极性和创造性从而提高工作效能；通过完善内部经济控制制度和风险评估机制来提高资源使用效率从而提升学校办学效率和效益；通过阶段性的专家组复核即第三方评价，在结合学校自我诊断的基础上从价值中立的角度对体系运行状况进行评价，以此来干预学校进行改进；通过完善学校内部各种评价制度如教师聘期考核制度、内部专业评价制度等，将这些制度作为具有可操作性的工具来衡量学校的办学效能。

2. 价值理性的统一

在新公共服务和新公共治理的影响下，高校的治理不仅仅强调“经济、效率、效益”的价值观，同时也强调“公正”的价值观。

“公正”包含“公平”和“正义”两个含义。公正在西方伦理史上，来源于古希腊文“Orthos”一词，意为“表示置于直线上的东西，往后就引申来表示真实的、公平的和正义的东西”[1]。英语中公平（fair）一般含义是正直，不偏私、无偏见。公平的深层本质是利益分配的合理与对称，机会公平或机会均等已经成为现代意义上公平价值追求的一项重要理念和准则。[2] 关于“正义”的定义，罗尔斯指出：“所有的社会基本善——自由和机会、收入和财富及自尊的基础——都应被平等地分配，除非对一些或所有社会基本善的一种不平等的分配有利于最不利者。”[3]公正是社会成员为了构筑一个稳定的社会所认可的最基本的准则。这意味着，关于公正的标准是由社会成员通过某些对话机制所达成的，而不是天赋或由世间的某个人所决定的。公正的讨论以及民主的决策是这些对话机制的重要内容[4]。“公正”的价值观启示我们在进行公共决策的过程中要关注不同利益群体的利益需求，通过某些对话机制寻求利益的平衡，最终实现公共利益的最大化。

公共利益的最大化在高职院校内部质量保证中则体现为“以师生为中心”。内部质量保证将以满足学生需求表达、帮助学生全面发展和个性发展为核心任务以及以服务教职工个人成长、帮助教职工自我实现为目标，坚持结果导向理念的同时融入师生满意的价值观，带有鲜明的价值理性色彩。

---

[1] 拉法格．思想起源论［M］．北京：三联书店，1963：59.

[2] 周国庆．辨析公平、公正、正义的基本含义［J］．延边大学学报（社会科学版）：2009（5）：108-114.

[3] ［美］约翰·罗尔斯．正义论［M］．何怀宏，等，译．北京：中国社会科学出版社，1988：303.

[4] 姚洋．转轨中国：审视社会公正和平等［M］．北京：中国人民大学出版社，2002：263，675.

第三章　高职教育质量保证与评价的国际经验

系统的高等教育的质量保证运动是由西方发达国家发起的,由于各个国家国体和政体的差异,各国在高等教育的治理理念方面呈现出鲜明的特征,因而各国在高等教育质量保证的内部保证和外部保障的体制和机制改革创新方面也风格迥异。各国高等教育质量保证的差异以及各国对于高职教育的重视程度也导致各国高职教育质量保证各具风格。笔者选取高职教育质量保证实践比较早的美国、德国、英国以及实践相对较晚的日本为例,介绍这几个国家高职教育质量保证的理念、组织体系和运行模式,以期对我国高职教育质量保证有所借鉴。

第一节　美国高职教育质量保证与评价

美国的高职教育质量保证在坚持民主管理理念的同时重视对市场需求的回应,《1976 年职业教育修正案》要求雇主作为各州立职业教育顾问委员会成员参与质量评价,重视第三方评价的运用,由国家认可的第三方机构负责对学校整体办学质量和专业质量进行评价。如比较著名的工程教育认证《悉尼协议》(abet)对美国各职业院校的工程技术类专业的建设进行指导,目前该认证已经获得世界范围内多个国家的认可,在各国高职教育质量保证中发挥着作用。

一、理念

1. 自主发展

美国的高职院校可以根据市场需要自主设置专业,专业的课程设置除了个别政府规定的课程其余课程均自主开设,与开展同类专业的学校进行竞争,接受市场的检验和社会评价。政府不会对高职院校进行特别严格的管制也不会放任自由,高职院校在自主发展的过程需要自行要求和选择通过政府资质认可的认证机构对学校办学水平以及专业的办学能力进行认证,并且将认证的结果面向社会公布以证明学校和专业的办学能力。政府通过这种第三方认证的方式监督和促进学校的质量保证和高质量发展。

2. 质量标准多元

美国政府对于高职院校的评价更加关注劳动力市场的需求。各州政府对于高职院校的办学条件设有最低标准,符合最低标准的学校才能取得资质对外招生办学。通过政府资质认可的第三方机构在对高职院校认证的过程中,也并没有一套统一的标准,主要是对学校的办学理念、课堂教学、课程安排、科技研发、社会服务等方面做引导性要求。

二、组织体系

1. 学校整体性认证体系

美国联邦和州政府通过对学校和学生提供助学资助和科研资助等资助方式对高等教育机构施加影响,所有的高等教育机构如果想获得联邦政府的资助,必须通过联邦和州政府认定的具有认证资格的认证机构的整体性认证,这种认证并不是一次性的,是周期性的。政府对于认证机构的资质判断具有明确的评价标准体系。

2. 专业性认证体系

由获得联邦和州认可的专业性认证机构来负责对高职院校的专业和课程进行认证。美国最早开始进行专业认证的是医学类的专业,发展至今根据不同专业分类已经有超过60个机构负责对工程、商科、建筑、语言、烹饪等领域的专业进行认证，不同的专业由于专业差异，所以各专业的认证标准也不尽相同，有的专业的认证标准所涉及的内容十分全面，有的则格外精简。

以ACBSP为例，ACBSP是美国的一个能够对大学商学院全部学位课程提供认证的认证机构，从副学士学位、学士学位一直到博士学位。ACBSP有两个独立的学术委员会：副学士学位教育委员会和学士以及研究生教育委员会。两个委员会分别负责对不同的课程做出认证决定。ACBSP将教学作为认证的主要内容，强调教学的改革和创新，重视学生的学习成果，强调教师及教学与真实商业活动的联系，具体认证标准见表3-1[1]。

表3-1　美国ACBSP专业认证标准框架

标准	领导力	战略计划	学生及利益相关者的关注点	学生学习和表现的评级及分析	教师与全体职工的关注点	教育和商学过程管理
评价指标1	领导责任	制定战略计划的制度	生源情况	有学习结果的评价政策	人力资源管理计划	教育设计和教学
评价指标2	社会责任	战略部署	主要利益相关者的需要和期望	提供三种连续的评价结果	就业实践	教学保障服务和商学过程管理
评价指标3			教学符合社会需求	评价计划有可以进行比较的信息及数据	教师能力、工作量和工作内容以及范围的标准	招生管理
评价指标4			获得和使用学生以及利益相关者的信息的反馈	根据学习结果评价持续改善教育过程	师资情况	

[1] 刘莉莉，段池沙．职业类与学科类专业认证标准的比较——基于美国ACBSP和AACSB专业认证的案例分析[J]．高等教育研究，2015(10)：64-70.

续表

标准	领导力	战略计划	学生及利益相关者的关注点	学生学习和表现的评级及分析	教师与全体职工的关注点	教育和商学过程管理
评价指标 5			吸引和留住学生		教师数量和教师工作量	
评价指标 6			倾听来自学生和利益相关者的诉求		教师评价	
评价指标 7			建立评价学生和利益相关者满意度的系统		教师和职工的管理办法和发展政策	
评价指标 8			公开展示与标准相关的评价结果		学术和专业活动	

资料来源：Standards and Criteria for Demonstrating Excellence Baccalaureate/Graduate Degree Programs.

三、模式及程序

1. 评价机构资质的认可程序

美国联邦教育部（USDE）和美国高等教育认证委员会（CHEA）是美国的两个负责对高等教育认证机构进行认可的部门，这两个部门进行机构认可的操作程序大体相似，主要有认证申请、自我评价、实地考察、综合评价和认证结论5个阶段，但是两者的认可周期长短不同，USDE 的认可周期为5年，CHEA 的认可周期为10年。在认可申请阶段，高等教育认证机构需提交书面申请并提供相关材料证明其满足认可标准；在自我评价阶段，参加高等教育认证机构需按照相关规定要求准备自评报告，并提供翔实的证据材料；在现场考察阶段，评审专家对高等教育认证机构进行全面的考察，并形成现场考察报告递交给认可委员会；在综合评价阶段，认可委员会充分听取第三方机构、高等教育认证机构的有关意见形成初步认可报告并反馈给高等教育认证机构进行回应；在形成认可结论阶段，执委会对认可委员会形成的认可报告进行再次评审并做出最终认可结论。

2. 高职院校和专业的认证程序

美国高职教育的整体性认证和专业性认证在操作的程序上大体一致，主要有申请认证、自我评价、实地考察、评价报告和认证结论 5 个阶段，前后历时 18 个月到 2 年的时间。申请认证的学校在指定日期前需提交书面申请；申请被接受以后就需要准备相关材料，根据相关要求准备自评报告；在实地考察阶段，专家委员会进校听取汇报、查看资料、校园访谈等，核实自评报告中的有关内容以及增进对学校或专业的了解；在评价报告起草阶段，专家委员会在审阅自评报告和实地考察的基础上形成实地考察报告并与学校进行沟通以改正报告中的纰漏之处，并提交认证委员会办公室；在认证结论形成阶段，认证委员会召开会议对学校或专业自评报告、专家考察评估报告、被评学校或专业的反馈意见等进行综合评价，形成认证结论并及时反馈给学校或学科，整个认证过程结束。[1] 一轮认证结束之后，经过一个周期需要再次进行认证。

3. 认证结果运用

美国高职院校认证的结果主要有三个作用：一是通过将认证结果面向社会公开，向民众发布可以衡量学校办学实力和专业实力的参考标准；二是作为联邦和州政府对学校进行拨款的依据；三是有利于学生个体的自由发展，对于学生升学和转学有一定的帮助，美国两年制的社区学院的学生升入四年制大学之前，大学会对其在高职院校学习的学分进行认定，如果该生学习的学校是经过

[1] 朱永东．美国高等教育认证认可与许可系统的演化机制研究［D］．广东：华南理工大学，2012：76-77.

认证的且学习期间所获得的学分的专业是通过认证的，其获得的学分就有可能可以与大学需要学习的相近课程进行学分互认。

四、启示

1. 以适应变化作为质量保证改进的基准点

高职院校内部从建校到发展壮大自身经历不断变化的过程，其外部产业、行业的发展变化和社会以及家长、学生的需求也在不断变化，内外部的变化促使学校必须以变应变、不断进行自我调整甚至革新、与时和与势俱进。内外部对学校发展质量和专业发展质量的评价标准应该是动态调整的，所以学校在自我评价的过程中应主动适应外部环境的变化调整评价标准，并进行周期性的评价。

2. 以持续改进作为质量保证改进的着力点

持续性质量改进哲学体现了一种简单的、非对抗性的质量认证理念。[1] 它既强调认证与设定的严格标准，也强调教师、学校和专业利用评价结果进行螺旋上升的不断质量改进。通过将评价结果进行适当的反馈和合理利用，促进了学校和社会的充分且有效的沟通，促进了学校内部管理层与教师和学生的沟通，通过评价结果去修正评价过程，经过周期性的持续性的评价和改进，使学校和教师逐渐认同质量保证中各种评价活动，并习以为常。

3. 将质量保证改进放在社会的大环境中

质量改进的目标是适应社会政治、经济、文化发展的需要，需要学校加强对高职教育和学校发展自身的利益相关者需求的关注，即对高职教育的地方性、职业性、服务性的职能的强化，将质量改进放在利益相关者需求的社会大环境中，将学校发展和专业建设与政府、行业企业、家长学生联系起来，共同推动质量保证、质量发展、质量改进。

---

[1] 王昕红．美国工程与技术认证组织 ABET 的现代危机与文化变迁［J］．高等教育研究，2008(10)：92-98.

第二节　德国高职教育质量保证与评价

德国的高职教育质量保证具有鲜明的国家管控的色彩，由政府设立的第三方评价机构负责外部评价，将外部评价作为评价高职院校办学质量的主要组成部分。各联邦州基于各自教育政策、财政水平以及教育结构等情况设计出不同的质量评价方法。目前德国16个联邦州都用翔实、专业的文件明确了教育政策和学校外部质量评价的支持系统。各高职院校的内部质量评价与外部质量评价紧密结合、互为补充。

一、理念

1. 重视控制和监管

德国对于高职院校的管理与美国有很大的区别。美国的高职院校有充分的自主发展的权利，尤其是私立高校，政府除了对学校的办学资格可以进行认定管理以外，学校其他事务均由学校自己决定。德国的整个教育事业都处于国家监督之下，各州通过文化教育部以及下属机构对教育机构实施全面监督，高职院校的质量保证由多个主体共同负责：各州文化教育部和地方政府的相关学校管理部门是高职院校质量保证的领导主体；学校领导和学校内部质量保证管理部门是高职院校质量保证的执行主体；第三方机构是高职院校质量保证的反馈主体，为教育政策、质量管理和评价提供决策咨询和指导服务，通过外部评价促进学校不断改进和完善质量保证体系。

2. 严格教师的入职资格

德国认为高职教育的教育教学活动是以掌握专门知识为主要内容的师生互动活动，教师对人才培养的质量起决定性作用。学校对教师进行充分授权，与教师充分沟通达成共识形成清晰的目标，教师享有较大的决策权和自主权，同时也愿意承担更多的责任。因此，德国的高职教育对教师入职设置了很严格的制度。

3. 人本主义与实用主义相结合

德国的高职教育强调人本主义和实用主义并重的价值观,认为职业教育是生命本位的教育,是生命的表达方式,鼓励学生自由发展、个性发展,学生可以根据个人兴趣爱好和能力选择喜欢的合适的学校。高职院校的学习是基于具体的职业行动与各种思想的活动,是一种理解他人行动的过程,这种学习注重反馈所发生的行动,包括行动计划、实施和行动结果,有助于提高学生的思维能力和个性发展。通过引导学生对职业工作进行全方位的思考,运用学习过的知识去研究问题,提高解决问题的能力。德国的高职教育注重学校的办学特色,坚持服务导向、就业导向,将理论知识的学习与学生完成学习任务或工作任务的全过程相融合,以“经验学习”作为学校内在的深层价值原点和逻辑,全面提高学生质量❶。

二、组织体系

1. 外部教育行政主管部门

德国各州的文化教育部是教育事务的最高权力机关,是最主要的协调和监督机构。各州根据国家层面确定的取得国家认可的职业和职业领域规定的教学计划总纲制定州层面的教学计划总纲,其中包括各职业的教育的基本目的、时间安排及协调办法、专业教学内容,是高职院校领导、教师和学生的整个教育教学活动的基本纲领和文件说明。

地方政府的教育行政管理部门是高职院校的中层管理机构,负责与高职院校共同协商确定学校的年度发展目标,为实现发展目标制定管理办法或合同,并通过监督、激励促使学校完成协议或合同的内容。

2. 高职院校内部质量管理部门

德国教育管理的重要经验表明“校长”是质量管理的关键,校长在高职院校

❶ 李文静. 德国职业学校教育质量保障体系研究[D]. 天津:天津大学,2014:41.

内部管理体制机制运行过程中的强有力的领导是保证教育质量有效且实现目标的关键。校长在学校管理活动中被赋予了很大的自主权,如人事任免权和奖惩权、学校管理的最高指挥权、确定发展目标和制订工作计划、帮助教职工个人发展等,校长是教育质量目标的管理者、是教育质量实现的促进者、是教育质量保证的指导者,其素质和能力对教育教学质量起决定性影响。

高职院校内部设立专门的质量管理部门,协助校领导落实质量管理活动并解决学校质量管理中存在的问题。

3. 第三方中介机构

德国的第三方中介评价机构是政府设立的,属于独立的非盈利性的机构,尽管由政府设立,但是其不受联邦和州政府管理,只接受政府和相关基金会的资助。第三方中介机构可以从价值中立的角度对高职院校的质量保证提供咨询服务以及进行质量监督和评价,将评价结果反馈给学校,帮助学校完善保证体系,不断改进教育教学质量。

三、模式及程序

1. 教师职前职后质量保证

德国高职教育认为教师在质量保证的过程中起决定性作用,所以对于高职院校教师获得入职资格进行了严格的规定,国家发布了全国统一的职业教育师范教育基本标准。德国适龄公民如果想成为一名高职院校的教师必须经过多年的师范专业的学习和训练,毕业之后才能取得职业资格。这与我国有很多的区别,我国的师范类专业并没有针对职业教育的单列专业。德国职业教育师范教育分为两个阶段,第一个阶段是理论学习,第二个阶段是实践性学习。理论学习时间跟我们本科教育时长大体相当,在理论学习结束之后需要参加国家考试获得理论学习的毕业证,然后进入第二阶段的学习。第二阶段的学习为期 2 年,学习地点是公共师范学院和培训学校,在专业教师的带领下进行见习以及学习教育理论和与专业相关的教学方法,学习结束后同样需要参加统一的国家考试以获得毕业资格。2 年的实践学习属于预备期教育,毕业只是进入职业学校就职的前提条件,并不意味成为一名正式的职业院校的教师,新教师入职后会经过一段时间的考核期,只有考核合格的才会被授予正式的教学职位,德国高职院校的正式教师其身份属于公务员,有严格的聘用和考核程序。

高职院校的教师在成为正式教师之后,还需要不断地进行培训学习,各州和地方都建立了全方位的培训网络,同时学校自身也会组织校本培训。不同发展阶段的教师需要参加不同形式的、不同部门组织的针对性的培训,培训结束合格之后会被授予培训合格证书。

2. Q2E 模式

德国高职教育质量保证目前采用的是 Q2E 模式,Q2E 模式在于指导高职院校建立有效的学校质量管理系统,主要包含学校质量宗旨、个别反馈与个体质量发展、学校领导控制质量过程、学校自我评价与质量发展、学校外部评价和认证六个模块要素。

学校质量宗旨决定了学校的发展方向和目标,从而学校各项工作的质量标准就得以确定,通过质量手册引导师生达成学校的质量要求实现办学目标。Q2E 模式重视反馈的作用,要求使用多种反馈源,采用不同的方式收集教师、同行、学生和家长不同群体的反馈信息,提出通过反馈促进个体加强自我评价和自我质量改进。学校领导通过管理体制机制的创新促进学校质量的生成。学校通过自我评价形成评价报告作为外部评价的依据,学校外部评价在学校自我评价的基础上进行实地考察,收集和整理数据形成外部评价报告帮助学校寻找发展过程存在的问题和解决问题的方法。Q2E 认证是高职院校自愿申请的对其教育质量的认证,主要审查学校的质量保证体系是否能够支撑学校教育目标的实现,确保教育质量符合既定标准,认证通过的会授予认定证书,证书是对办学质量的高度认可。

德国每个州有各自的职业教育的教学计划总纲,固然质量管理体系会略有差异,但评价方法和程序大体一致,评价指标体系会有一些个性化的存在以及侧重。以巴伐利亚州为例,巴伐利亚州根据州域高职院校的现状制定了自己的《外部评价指标体系》,其指标体系由过程性指标、成果性指标和条件性指标组成,由 4 个质量领域、3 个维度、51 个具体指标构成。4 个质量领域包括:课程领域质量、个别反馈、学校自我评价和质量过程的学校领导和控制,每个质量领域包括执行情况、影响与效果、规章制度 3 个维度,每个维度分别设置不同的观测指标,表 3-2 列举了“质量过程的学校领导和控制”质量领域的指标体系❶。

表 3-2　“质量过程的学校领导和控制”质量领域的指标体系

质量领域	维度	观测指标
质量过程的学校领导和控制	执行情况	1. 学校领导和质量管理组的能力
		2. 适当的工具和方法
		3. 执行的透明度
	影响与效果	1. 教师的质量意识
		2. 质量观的重要地位
		3. 相关数据
		4. 识别与消除严重质量缺陷
	规章制度	1. 整体性的质量观
		2. 共同开发质量目标
		3. 文档
		4. 明确的工具与方法
		5. 提供有力的框架条件

四、启示

1. 重视决策指挥

德国高职教育质量管理体系重视对校长的考核,校长对于学校的质量目标和标准的设定起关键作用,同时校长是质量管理活动的指挥者,这点与我国高职内部质量保证体系有类似之处。我国高职内部质量保证体系是“一把手工程”,需要通过外部的监督和控制来约束和评价校长的能力和绩效,在管办评分离的大背景之下,需要建立相应的管理和评价机制以充分发挥校长的职能。

❶ 李文静,周志刚. 德国职业学校外部评价模式调查报告——以巴登—符腾堡州职业学校为例[J]. 国家教育行政学院学报,2014(2):88-91.

2. 突出教师的主体性作用

教师对教育教学质量生成起决定性作用,教师个体的能力素质决定其对于教学计划实施的达成度,所以重视对教师的岗前培训以及教师入职后持续的有针对性的培训是学校保持教育教学质量的关键,应充分发挥境外研修、国培、省培、校本培训的激励和导向功能,同时要加强培训的考核,完善培训考核制度。

3. 促进师生个体发展

德国高职教育质量保证体系无论是学校自我评价还是学校外部评价都强调反馈,重视反馈机制的构建,有利于帮助和支持教师和学生的个人发展。通过各利益相关者的反馈,可以准确找到教师个人行为的盲点,针对盲点开展与教师个人行为相关的学习活动,进行针对性的培训,可以促进教师专业化的优质发展;通过各种渠道的反馈,有助于学生对自我形成比较全面的认识,帮助学生完善个人成长和发展规划。

第三节　英国高职教育质量保证与评价

英国为确保设计的质量保证体系能够在英格兰、苏格兰、威尔士和北爱尔兰四个地区实施并正常运行,由英国高等教育质量保证署(QAA)负责设计一个统一的质量保证框架并使这个框架能够在每一个地区都适用,《英国高等教育质量规范》在这样的背景下应运而生。高等教育质量保证署作为第三方实施外部评价具有强制性,所有的高职院校都需要接受其评价。除此之外,需要强调的是高等教育质量保证署在评价理念上特别重视学生在评价活动中的参与。

一、理念

1. 服务师生发展

英国的高职教育质量保证体系重视师生对于个人发展的需要。学校在评价教师工作目标达成度的同时,会根据教师个人发展规划的需要,协助教师制定合理的发展以及培训目标计划,帮助教师实现个人发展需求。学校会通过多渠道收集学生提出的各种意见,综合分析学生的意见积极寻找解决问题的方法,并给予回应,通过互联网技术以及传统的导师加手册的方式,让学生全面了解学校各相关政策,并提供各类学习需要使用或者参考的信息,比如课堂笔记、课程时间表、写作技巧、各种电子学习资料,提高学生学习效率。

2. 严谨专业质量标准

学校会委托第三方对专业的质量标准进行评价。学校的学术委员会负责对专业的质量标准进行管理和监督,配合第三方机构进行审查,确保学校的专业质量标准与国家相关标准和规定所要求的相适应,外部评价的结果会反馈给学校的最高决策机构,最高决策机构会要求课程委员会进行相应的课程体系的调整。学校通过高质量标准的课程来支撑专业的人才培养,凭借精良的课程设计为所有学生提供高质量的学术体验,并使学生的成绩得到可靠的评价,保证所有学生获得成功所需的支持顺利毕业。

3. 促进管理民主化

英国的高职教育以师生为本的理念不仅仅体现在服务师生个人发展上,还体现在日常教育教学管理活动的民主化。比如诺德兰学院在学校的非执行董事会会议中会安排学生代表,并对他们进行系统的专业培训,以便学生对自身权益和学院管理模式有更明确的了解[1]。学校营造良好的评价氛围,通过提高评价机制的透明度以增加评价结果的公平和公正性,方便教师对评价活动进行监督以提高评价结果的可信度。

二、组织体系

在英国,高等教育质量保证署负责高职教育质量的外部评价工作,高职院校自身进行内部质量保证。此外,行业技能委员会、拨款机构、教育标准办公室也参与高职教育的外部质量保证工作。行业技能委员会主要职责是收集市场

[1] 胡茂波,朱梦玫.QAA 评估视阈下英国高职院校质量保障机制及启示——以诺兰德学院为例[J].职业技术教育:2016(17):72-76.

信息,分析劳动力市场对于各职业发展的技能需求,开发国家职业标准,对各职业需要具备的知识、能力和技能进行详细的说明,服务学校和培训机构进行课程建设。拨款机构根据相关管理规定以及学校的外部评价的结果对学校的拨款进行调整,通过财政杠杆激励学校改善质量。教育标准办公室和高等教育质量保证署一样属于第三方评价机构,区别是高等教育质量保证署由政府发起组织形成,而教育标准办公室是非部委性的,受政府委托对学校进行外部评价,教育标准办公室会将学校的评价报告在自己的门户网站发布,供社会、学生和家长参考,同时供政府拨款机构参考。

三、模式及程序

英国高职教育质量保证和美国、德国一样,同样采用学校自评加外部评价相结合的模式。

1. 高职院校内部质量保证

各高职院校建立了内部质量保证运行机制,配套内部质量的评价体系。英国的高职院校采用现代企业管理方式进行管理,由学校董事会制定学校发展愿景和目标。因为采用企业化管理方式,所以特别强调绩效(教育教学质量)和顾客的满意度(企业、社区、学生和家长的满意度)。学校在接受外部评价之前开展自评工作,自评内容通常包括学生学习成绩和表现评价、教师教学效能评价、学校与行业企业的合作等内容。英国高职教育质量保证重视师生的个人发展,所以针对学生在学生的成绩和表现方面评价内容包括学习机会获得情况、学习过程、学习后就业机会获得情况以及继续获得学习的机会,针对教师评价内容包括教师的个人规划完成情况、培训情况。

2. 外部质量评价

外部评价以学校自我评价作为基础,高等教育质量保证署和教育标准办公室开展的外部评价周期都是 4 年 1 次,步骤也大体一致,都分为对学校自我评价报告进行分析、实地考察访问、发布评价报告三个步骤。高等教育质量保证署对质量和标准保持较短时间良好记录的院校实施 4 年一轮的评估,对质量和标准保持较长时间记录的院校实施六年一轮的评估❶。高等教育质量保证署制定了《英国高等教育质量规范》(简称《质量规范》),在《质量规范》中列有"期望",要求学校必须满足这些预期。《质量规范》用于指导学校构建内部质量保证体系和作为专家组评判的操作指南,高等教育质量保证署根据实践情况不断对质量规范进行完善和修改,新修订的《质量规范》(简版)见表3-3。高等教育质量保证署的评价指标包括学术标准评价、教学质量评价、管理效果评价三个方面,主要评价专业和课程的质量标准与相应机构所制定的相关标准的契合度,评价学校的内、外部质量保证机制实际运行的有效性,评价教学计划实施情况、课程质量和学习效果,评价教职工和学生权益的实现和受保障情况,评价学校各项管理服务的规范程度以及服务师生发展的有效度。英国与其他国家的质量保证理念相比较更加重视学生的意见,高等教育质量保证署在进行外部审查的过程中,通常会邀请学生代表参与评价,并且高度重视学生的意见,学生反馈的信息对于形成学校的最终质量评价报告会产生比较大的影响。

表3-3　英国高等教育质量规范(简版)

(2018年5月3日出版)

<table>
<tr><th colspan="2">对标准的期待</th></tr>
<tr><td colspan="2">课程的学术标准符合相关国家资格框架的要求。学生必须经过符合相关部门认可的标准所规定时常的培训且具备符合标准的资格后可以被授予相应资格证书</td></tr>
<tr><td rowspan="4">核心要求</td><td>确保课程标准、资格证书颁发标准与相关的国家资格框架一致</td></tr>
<tr><td>确保学生获取相关证书的标准有机会超过相关标准要求,而且证书获得标准与相关公认机构制定的标准要求相当</td></tr>
<tr><td>如果学校与其他组织合作,学校必须确保课程有效的安排(无论与哪个组织合作都必须明确课程的学术标准等内容),并确保相关奖励标准的可靠性和安全性</td></tr>
<tr><td>学校使用可靠、公平和透明的外部专业知识进行分类评价</td></tr>
<tr><td>一般要求</td><td>学校定期审查其标准的核心实践,并使用这些结果来推动改进和增强</td></tr>
</table>

❶ 安东尼·麦克拉伦,郭朝红. 高等教育外部质量保证的新方法:基于英国视角[J]. 高教发展与评估,2015(2):36-44.

续表

<table>
<tr><th colspan="2">对质量的期待</th></tr>
<tr><td colspan="2">课程设计精良，能够为所有学生提供高质量的学术体验，并使学生的成绩得到可靠的评价。从学生入学到毕业，学校能够保证所有学生都能获得顺利毕业所需的支持并在接受教育过程中受益</td></tr>
<tr><td rowspan="9">核心要求</td><td>学校拥有可靠，公平和包容的入学系统</td></tr>
<tr><td>学校设计并提供高质量的课程</td></tr>
<tr><td>学校拥有足够的合格和熟练的工作人员，以提供高质量的学术体验</td></tr>
<tr><td>学校拥有足够和适当的设施、学习资源和学生支持服务，以提供高质量的学术体验</td></tr>
<tr><td>学校积极的让学生个人和集体参与他们的教育体验质量评价</td></tr>
<tr><td>学校拥有公平透明的程序来处理所有学生都可以访问的投诉和申诉</td></tr>
<tr><td>如果学校提供研究学位，会在适当和支持性的研究环境中提供这些学位</td></tr>
<tr><td>如果学校与其他组织合作，则有适当的安排，以确保学术体验是高质量的，必须确保课程有效的安排（无论与哪个组织合作都必须明确课程的学术标准等内容）</td></tr>
<tr><td>学校能够支持所有学生具备毕业需要具备的学术和专业成果</td></tr>
<tr><td rowspan="3">一般要求</td><td>学校定期审查其质量保证工作，并总结经验和教训推动教学质量的改进和提升</td></tr>
<tr><td>学校管理质量的方法借鉴了外部专业知识</td></tr>
<tr><td>学校让学生个人和集体参与学校管理，保证和提高学生的学术体验质量</td></tr>
</table>

资料来源：QAA 官网

四、启示

1. 坚持严谨的专业标准

英国高职院校对于专业标准态度严谨，专业标准的质量定位较高，同时配套相应的课程标准。学校通过委托第三方评价机构对专业标准进行考察评价，吸收第三方评价机构的指导意见，并由学校最高决策机构对相关部门反馈并要求相关部门进行课程调整，以此实现专业建设和课程建设的精细化管理，保证专业的教育教学的高质量。

2. 促进评价机制的透明化

英国高职院校在构建内部质量保证体系的过程中重视评价的公平和公正，重视师生的广泛参与，通过不断增加评价机制的透明度，帮助学生更加清晰和明确了解学校各项管理政策和制度，帮助教师明晰评价政策和流程，提高教师对于评价活动的认可度，有利于质量文化的形成。教师定期参加评价活动，形成评价数据，可以通过参考过去的数据进行纵向比较，从而更好地了解自身存在的优点和不足，以便巩固优势并进行针对性的改进。

第四节　日本高职教育质量保证与评价

日本于2000年成立大学改革支援·学位授予机构。2002年，中央教育审议会的报告《关于构建与大学质量体系相关的新体系》明确提出，要从事前规制逐步过渡到事后检查，引入认证评价制度。2003年，大学改革支援·学位授予机构作为独立行政法人从政府部门独立出来，作为第三方评价机构对短期大学、高等专科学校进行认证评价[1]。2004年日本引入认证评价制度，进行第一个周期教育质量外部评价。国家从宏观层面建立外部质量保障体系，通过外部质量评价的监督以及制度层面的引导，督促学校内部构建质量保证体系。尽管日本各高职院校根据国家制度构建了内部质量保证体系，但是日本政府认为各院校构建的只能称为"内部质量保证系统"，不足以称之为体系。2013年，大学改革支援·学位授予机构研究会提出《教育内部质量体系构建的准则》，该《准则》以提供可参照信息为目的，为完善内部质量保证体系提供基本框架，是学校构建内部质量保证体系的指南。至此，日本高职教育质量保证才真正相对完善并形成体系。

[1] 韩玉，杜金．日本高职教育内部质量保证体系建设及启示[J]．中国职业技术教育，2017(27)：22-27.

一、理念

1. 坚持事后监督与评价

20世纪90年代以后，日本为促进高职教育适应教育市场化发展的需要，对高职教育的质量管理由事前规制转向事后监督与评价，通过外部评价来促进高职院校内部质量保证和评价体系的完善。通过成立独立于政府的认证评价机构制订评价准则、方法等认证基准对高职院校（短期大学、高等专门学校）进行认证和评价，用外部力量激发高职院校内部质量保证的内生动力，引导高职院校自我建构能够持续改进的、科学的内部质量保证体系。

2. 二元质量标准

日本的职业教育可谓十分健全而且层次分明。短期大学的学生经过2年的专科学习，获得短期大学士学位，若想晋升，则可以进入专攻科，获得学士学位。高等专门学校的学生经过5年制的专科学习，考核合格后可以获得准学士学位，受教育者想继续深造，也可以通过专攻科，经过2年或4年的学习，考核合格可以获得学士学位或硕士学位[1]。短期大学基本都是属于私立高等职业教育机构，他们的办学理念是满足普通大众对于高职教育的需求，保证教育机会能够满足社会成员的规模化需求，为普通社会成员提供教育机会，提升受教育者的专业技术能力和文化素养，课程体系以综合类课程和文化教养类课程为主，以培养中级专业技术型人才为目标。高等专门学校多为国立高职教育机构，他们的办学理念是满足国家和地方对于高职教育高质量发展的需求，追求卓越的不断提升的质量标准，以培养高精尖专业技术性人才为目标，力求实现人才培养质量与四年制本科高校毕业生质量相当。

3. 注重学生的发展性评价

日本高职教育的质量保证注重“促进学习评价”，促进学习评价更重视形成性评价、目标评价和绩效评价，学生自我评价是学校内部质量保证体系关注的

---

[1] 吴显嵘．日本职业教育体系建设的历史沿革、经验及启示[J]．教育与职业，2018(9)：84-89.

重点之一。教育理念从“教什么”向“会什么”转变,重视学习成果。日本高职教育要求高职院校围绕招生、课程和毕业三个内部质量保证的核心问题制订方针,高职院校制订的招生和毕业方针需要明确受教育者的入学条件、学习的内容和学生入学后需要具备的能力,在学生毕业时重点考查他们“变得怎么样”,要尽可能符合学位授予条件的要求,符合社会和市场的潜在性要求。高职院校制订的课程方针要能够体现学习方法、学习过程和学习成果的评价,构建符合学位授予条件的课程体系。

二、组织体系

1. 外部第三方评价机构

日本高职教育的第三方评价机构从设立者来区分可以分为三类:一是政府层面设立的大学改革支援·学位授予机构;二是大学层面设立的短期大学基准协会、大学基准协会、日本高等教育评价机构;三是其他机构组成的日本技术者教育认定机构。

2. 内部质量保证

2016年日本中央教育审议会大学分科会大学教育部会发布的《毕业认定学位授予方针、教育课程编制实施计划和入学者申请入学方针的制定及其运用的方针》要求学校围绕教育内部质量保证的三个核心问题,即招生、课程和毕业问题,制订三个方针❶。各高职院校需要根据各自学校的发展定位制订毕业认定学位授予方针,明确学生毕业时需要掌握的能力、成果目标;编制教育课程实施方针,明确课程体系、授课内容、教学方法以及学习成果评价的基本方针;制订与毕业和课程相适应的招生基本方针,明确所招收入学的学生需要具备的知识、技能、思考力、判断力、表现力等能力要求。学校在方针制订的过程中强调校长的作用,以校长为中心研讨推动方针制订,坚持发展性的理念,以学生为中心确定毕业和课程方针内容。学校在确定方针后需要对社会进行公示,以方便

❶ 韩玉,杜金．日本高职教育内部质量保证体系建设及启示[J]．中国职业技术教育,2017(27):22-27.

学生、家长、社会熟悉学校，并加强与利益相关者的沟通与合作，体系在 PDCA 的循环下持续完善。

三个方针可以说是日本高职院校构建内部质量保证体系的基本指南，第三方机构提出的相关准则也是高职院校构建内部质量保证体系的参考。以接受大学改革支援·学位授予机构进行外部评价的高职院校为例，高职院校可以根据大学改革支援·学位授予机构发布的高等专门学校评价标准构建体系，该标准(2017 年 1 月修订)包含 8 个一级标准，每个一级标准有若干具体的二级标准，二级标准下还配有详细的评价内容和说明。

三、模式及程序

日本高职院校内部质量保证评价也是采用院校自我评价和外部评价相结合的方式。以接受大学改革支援·学位授予机构进行外部评价的高职院校为例，高职院校制作自我评价报告，大学改革支援·学位授予机构组成评价小组，以学校的自我评价报告作为基础，根据评价指南进行书面调查和访问调查。书面调查是基于学校的自我评价报告，对报告所包含的材料内容和数据进行分析；访问调查是基于访问调查实施指南对书面调查无法确认的项目进行调查。评价小组根据评价指南对每个标准(高等专门学校评价标准见表 3-4)进行判断，对需要改进的质量控制点会进行指出并说明原因，在评价结束之后，评价结果会按照程序对大学改革支援·学位授予机构的相关部门和高职院校进行反馈和确认，在确认后评价结果会在大学改革支援·学位授予机构的官网上进行公布。

表 3-4　日本大学改革支援·学位授予机构发布的高等专门学校评价标准

标准	评价视角
标准一：教育内部质量保证体系	1. 学校的总体情况，内部质量保证的方针
	2. 毕业、课程、招生的相关政策
	3. 三项政策对于社会的适应情况和调整情况

续表

标准	评价视角
标准二：教育组织和教师、教育支持者等	1. 学校教学运行管理正常且能够体现学校办学理念
	2. 教师开展教育教学活动适当
	3. 学校定期对教师的教育教学活动进行评价，教师的聘任和发展有明确标准
	4. 对教师教学能力提升进行培训，有适当的支撑教师发展的机制
标准三：学习环境和学生支持等	1. 学校对教育研究实验实训场所和课程教学需要的设施进行有效维护和使用
	2. 开展学生自主学习的教育，为学生提供课程咨询等学习支持系统，为学生提供生活服务咨询系统和就业服务咨询系统
标准四：财务基础和管理运作	1. 有稳定的财务基础，根据学校的办学目标制订了收入和支出计划，适当地进行有关财务活动的审计
	2. 为实现学校的办学目标学校体制机制健全，并能够使用外部资源
	3. 学校的教育教学活动的状况和成果向社会公开
标准五：准学士学位课程、教学方法	1. 准学士学位课程的课程体系适当
	2. 开展与准学士学位课程相匹配的教学方法和学习指导方法
	3. 开展准学士学位课程认证和毕业认证，适当进行年级评价
标准六：准学士学位学生招生	入学者的选择是基于招生方针的，招生根据方针实施与运作，与招生计划相比，实际录用的学生数量和计划是相当的
标准七：准学士学位的课程的学习和教育教学成果	根据毕业方针评价学生是否符合毕业需要具备的知识和能力的要求
标准八：专攻科课程的教育活动情况	1. 专攻科课程具备适当的教学方法，完成课程认证
	2. 专攻科课程的入学者的录取是符合方针要求的，数量是适当的
	3. 根据毕业方针评价学生是否符合毕业需要具备的知识和能力的要求

资料来源：日本大学改革支援·学位授予机构官网发布的高等专门学校评价标准（平成17年3月制订、平成29年1月修订）

四、启示

1. 坚持多元发展

不同高职院校的地理位置和办学历史存在个体差异,办学理念和办学目标因校而异,对高职院校办学质量进行评价使用的标准应该是多元化的,应坚持多元化的质量观。高职院校的办学能力和办学水平与本科学校一样有梯队之分,高水平高质量的高职院校应该追求卓越的质量观,与国际通用标准保持一致,以一流的标准作为基准构建内部质量保证体系;普通层级的高职院校应坚持符合消费者愿望和需求以及适切性的质量观,以学生和社会的满意作为基准构建内部质量保证体系。

2. 注重高职教育与本科教育的衔接

日本高职院校的课程设置满足了学生继续深造学习以及进行高技术技能学习的需要,通过在高职院校设置专攻科,并制定严格的课程方针和毕业方针,同时配套与课程和毕业方针相匹配的招生方针,使学生毕业就可以获得学士学位,满足了需要继续深造的学生的学习需要,同时通过对课程的高质量标准的管理,有利于人才培养质量获得社会和本科教育的认可,可以帮助学生向研究生教育继续发展。

3. 发挥财政杠杠的宏观调控作用

日本高职院校评价标准中包括资金使用效率和审计情况的评价指标,同时结合政府实施的竞争性的绩效拨款机制,使高职院校合理利用有限的经费提高资金的使用效率,并专注于教育质量的提升和高质量专业技术性人才的培养,以此获得更多的政府财政投入,而不是通过盲目扩大招生规模来增加办学经费。

第四章　高职院校治理能力提升与评价

不同地域、不同办学历史的高职院校办学定位可以不同，其追求的人才培养质量观可以存在差异，但是所有的高职院校保证人才培养质量都必须以具备高水平的治理能力作为前提，高水平的治理能力是保证学校各项工作有序开展、实现办学目标、促进学校可持续发展的基础。具备高水平的治理能力并且能够培养出符合质量观要求的合格人才的高职院校就是高水平的高职院校。无论是坚持卓越的质量观、以世界一流为目标的高职院校，还是坚持适切性的质量观、以国内知名为目标的高职院校，从某种意义上来讲，学校只要能够满足国家社会和经济发展需要、满足行业企业用人需求、满足学生接受适合自身发展的教育的需要，就是高水平的高职学校。

第一节　高水平治理的内涵和外延

一、学校办学理念先进、特色鲜明

1. 办学理念先进

大学的办学理念是各个学校教育教学实践活动的理论指导，本质上是要把学校办成什么样。大学办学理念就像一盏导航灯，将各个大学引向不同的方向。[❶] 一所大学的办学理念受其办学历史、文化传统、角色任务等多种因素的影响，主要体现在大学的校训、办学目标、人才培养、学科建设、社会服务等多个方

---

❶ 张春艳，邓洪，曾诚. 中美著名大学办学理念比较[J]. 教育评论，2010(4)：150-152.

面,是一所大学的精神和灵魂。高职院校的办学理念应强调高职的高等性,坚持真理、追求卓越,突出高职的职业性,彰显特色、精益求精,树立以学生和教师为本的理念,为学生体面就业和教师幸福生活服务。

2. 办学目标明确

大学的主要任务是立德树人,高职院校高等性、职业性和地方性的特点决定了其职能的多样性,高职院校具有人才培养、科技研发、社会服务、文化传承、国际交流五大职能。学校在办学过程中力求五大职能面面俱到显然不现实,应结合自身的办学历史和基础,结合外部经济和社会环境,以人才培养作为主要职能,其他职能选择性的发展,聚焦明确办学目标。一所大学的办学目标也不是一成不变的,随着社会、经济发展变化,大学应重新审视其办学理念,重新定位办学目标以保持其活力和时代性。哈佛大学声望显赫,是当今世界上最好的大学,但是哈佛也绝非生来就像神一般的存在,也是经过长期稳步发展过来的,建校之后也几度更名,从剑桥学院到哈佛学院再到哈佛大学,更名的背后,体现出其办学使命的变化,即从一所培养清教徒牧师的学院,变为附带一些专业教育的普通的学院,再变为一所拥有文理学院与专业学院的综合性大学;从一所生源地域狭窄、从属于教区、为波士顿的精英阶层所控制的学院,走向一所面向全国并最终走向世界的顶级大学。[1]

3. 办学特色鲜明

关于高职院校的办学特色,教育部《高职高专院校人才培养工作水平评估方案(试行)》解释是:办学特色就是在长期的办学过程中积淀形成的,本校特有的,优于其他学校的独特优质风貌。[2] 办学特色应该聚焦在培养什么样的人和怎样培养人的问题上,要能够彰显办学的累积性、稳定性和系统性。办学特色需要以准确的办学定位作为前提和指南。例如,普林斯顿大学在不同的时代,都能坚持自己的定位和目标,办学始终围绕本科教育质量与基础研究这两个中心,不盲目跟风,逐渐发展成为一所特色鲜明的世界一流大学。普林斯顿大学

[1] 张炜. 哈佛的光荣梦想与迷失变革[J]. 西北大学学报(哲学社会科学版),2011(3):45-53.

[2] 教育部高等教育司. 高职高专院校人才培养工作水平评估[M]. 北京:人民邮电出版社,2004:6.

在学校规模上以“小”为美,在学科建设上以“精”求胜。普林斯顿办学的第一要素就是坚持自身基础学科的优势,不贪大求全,只求精细,始终占据着学术的前沿。[1] 高职院校的办学特色是学校在内部环境和外部环境共同作用下生成的,需要学校结合自身发展矛盾和所处的经济、人文、政策空间等外部环境合理规划并一以贯之。

二、治理模式高效、民主

1. 决策指挥体系高效、民主

体制机制创新是高职院校激发办学活力、推动学校内涵式发展的动力源泉。组建高效、民主的决策指挥体系是学校体制机制创新的关键。学校应以章程为引领,不断完善现代大学制度和治理体系。在宏观层面,学校各项管理活动有制度可依,校党委会议、校院长办公会议决策高效,理事会充分发挥决策咨询功能,学术委员会、教代会、学代会等能够按照规章制度发挥应有的作用;在中观层面,二级学院享有充分的办学自主权,行政和党群部门发挥服务和监督职能;在微观层面,在教师和学生管理与服务的过程中师生具有利益表达的平台,师生能够对学习过程中遇到的问题及时进行沟通,师生对学校的管理问题有顺畅的反馈渠道,并且学校会对提出的问题进行回应。

2. 产教深度融合

产教融合既是一种社会经济运行生态,也是一种技术技能形成机制。[2] 产教深度融合要求高职院校能够围绕教育与职业、学校与企业、学习与工作等方面进行体制机制的创新和人才培养模式的创新;人才培养和科技服务能够适应区域与行业发展需求;能够主动服务“一带一路”倡议帮助企业走出去。学校主动作为,与行业企业对接,与园区联结,带动专业集群发展和优质发展,不断完

---

[1] 汪霞,顾露雯．世界一流大学案例研究:高质量的秘密[M]．南京:南京大学出版社,2018:433.

[2] 周建松,陈正江．新时代中国特色高等职业教育的内涵与发展路径[J]．中国高教研究,2019(4):98-102,108.

善课程体系满足市场对于高素质技术技能人才的需求和学生个体多元化发展的需求。学校通过深化政行企校合作组建命运共同体,组建协同创新中心,具备高水平的服务中小微企业的技术开发、技术转让、技术咨询、技术服务的四技服务能力和岗位培训、技能培训与技能鉴定能力。

3. 师生全面发展

学生体面就业和教师幸福生活是高职院校以人为本办学理念体现的两个基本方向。学生可以及时快捷的获取学校相关管理制度和政策,对于生活和学习方面遇到的困难有反馈的途径并能够收到校方的回应,可以从学校就业服务指导中心获得比较实用的服务,帮助就业和自主创业。学校的教师发展服务体系完善,可以实现服务教师岗位发展和职称晋升的多元发展需求,考核奖励、培训体系完善,可以帮助教师不断提升教学业务素质能力和科研专业技能,有助于激励教师进行深层次的教学方法改革探索、高质量的科研和技术服务活动。

4. 资金充裕、使用高效

充裕的办学经费是高水平高职院校形成和发展的最基本的物质条件。高水平高职院校的资金来源应是多样化的,包括政府的财政性的生均拨款和项目建设专项拨款、合作企业或者第三部门的人才培养合作费用、四技服务收入、企业或个人捐赠、合法经营收入。充裕的办学经费、完善的预算管理办法和绩效审计评价体系是实验实训等教学和科研资源以及住宿、餐饮等生活资源投入的坚实后盾,优美的校园环境、舒适的生活环境、先进的实验实训设备、合理的工资收入可以吸引学生报考和优秀教师入职,产生的教育教学成果又会成为新的吸引合作资金的来源,持续的资金投入和高效的使用是学校持续质量生成的经济保障。

5. 质量保证和评价体系水平高

借鉴世界一流大学的管理经验,高水平的教育教学质量离不开高水平的质量保证和评价体系。质量保证和评价体系的高水平一是体现在体系完善,二是体现在体系运行高效。高职院校要实现高水平的管理需要提高战略规划的能力，通过落实战略规划中的战略目标保证发展质量，具备明确的措施能够将质量、规划和评价联系起来，设有科学合理的评价指标体系和评价程序及方法对战略目标的完成情况进行监控和评价，能够将质量提高和评价有机结合。高水平的质量保证和评价体系包括完整的专业、课程教学评价体系、教师绩效考核评价机制、学生发展质量评价机制、财务管理和财务绩效审计机制、后勤服务满意度评价等各个方面。

三、质量自律文化形成

健全、完善的制度设计最终都需要每一个教职工去执行和落实。高职院校高水平的治理体系建设和完善的过程同时也是组织文化建设的过程，学校高水平的治理建立在内部各类人群教育理念和质量意识达成共识的基础之上。质量文化建设是学校内涵式发展的重要内容，是学校质量保证和评价活动的动力源泉，对学校教育教学高质量发展有重要影响。

高职院校长久持续的高水平的治理必然是建立在教职工质量自律文化形成的基础之上的。学校质量自律文化形成体现在全体教职工和学生对于学校质量观的认同和愿意为实现质量观所确立的发展规划目标共同努力奋斗，认可学校各项管理制度，主动遵守和执行制度并维护制度的权威性。教职工和学生普遍认可的制度约束和行为模式经过长期的实践会固化为制度层面和精神层面的质量文化。教职工和学生在共同努力实现质量目标的过程中个体得到发展，在个体发展目标和组织发展目标趋同的过程中由于个体获得感的增加从而提高了个体的幸福指数，会激发教职工和学生在教育教学活动中持续的高投入。文化对于高等教育质量拥有巨大的影响力，文化决定质量，质量是文化的结晶，只有通过先进的质量文化才有可能生产出优秀的产品，才能培养出优秀的人。[1]

---

[1] 王建华．高等教育质量管理：文化的视角[J]．教育研究，2010(2)：57-62.

第二节 实现高水平治理的途径

一、明确办学定位和目标

一流大学之中有梯队之分，有世界排名前50的，有排名在200~500名的，处于不同梯队的高校在人才培养目标和学科建设目标上显然不同。同样，高水平高职院校也存在梯队，就以2018年高职院校竞争力排名前100的院校为例，竞争力得分在80分以上的院校只有4所，得分在70分以下有45所（数据来源于2018年中国高职高专院校竞争力排行榜）。每个学校都应该正视学校之间的差异，找准自己的办学定位，以先进理念引领，明确自己的发展目标。

精准的办学定位和目标离不开科学合理的战略管理，战略管理是一个组织寻求成长和发展机会及识别威胁的过程❶，高水平的高职院校可以通过科学合理的战略规划、实施和评估来实现，各院校在进行发展目标定位的过程中必须要明晰三个问题：一是学生和学生家长希望通过3年的学习获得什么附加价值，学校能够吸引的目标学生有哪些，学生选择的学校不一定是公众认为最好的，还是对于他们需求来说是最合适的；二是学校所属的区域的地方产业发展和政府管理需要什么，学校如果不能迎合政府、企业这些利益相关者的需求，创新政行企校合作机制提高人才培养质量也就只能空谈；三是学校自身具备哪些优势，有哪些资源可以与政府、行业、企业进行合作，有哪些资源可以整合利用帮助地方政府进行产业的转型升级和经济发展。必须结合资源优势合理定位学校所属的层次，结合学校所在区域产业特点明晰发展使命，科学规划发展目标，形成自己的办学特色。

---

❶ 刘向兵，李立国．高等学校实施战略管理的理论探讨[J]．中国人民大学学报，2004(5)：140-146.

二、贯彻产教融合和科教融合

职业性和高等性是高职院校的基本组织属性，高职院校面向市场办学，贯彻产教融合、科教融合，是回应其职业性和高等性的内在要求，通过深化内涵建设，积极将学校建设成为服务区域行业企业的产教融合大平台来拓展校企合作的广度和深度，激发合作需求，开发合作项目，不断提高学校人才培养的质量以及服务地方经济社会发展的能力，以不断提升利益相关者的满意度获取政府、行业企业的质量信任从而吸引其进行资源的投入，进而提高学校自身筹措办学经费的能力。第一，贯彻产教融合。高职院校专业发展必须与区域产业协同发展，围绕区域行业企业用人需求进行人才培养方向的调整，高职院校需要与企业开展深度的合作以实现产教融合的溢出效应。湖南汽车工程职业学院结合湖南汽车产业转型升级的需要，将学校原先的“对接汽车产业、服务汽车产业”的发展目标升级为“提升汽车产业、引领汽车产业”❶，进行汽车职业教育和汽车产业的深度融合和同步发展，吸引行业企业关注并积极参与共建，为汽车产业转型升级提供强劲发展动力。作为一所非国家示范性高职院校，该校通过深化产教融合，厚积薄发，成为湖南省首批 8 所省卓越高等职业技术学院立项建设单位之一。第二，推动科教融合。高职院校在产教深度融合的同时还需不断提高自身的科研能力。同样作为非国家示范性高职院校的苏州工业职业技术学院聚焦产业需求，发挥智能制造领域内师资团队的学科优势，与苏州胜利精密签约意向合同金额达 1200 万元❷，积极促进地方智能制造产业科技创新与成果转化。

三、构建教师发展服务体系

学校战略发展目标明确之后，能否能够取得快速发展，关键是能否发挥人

---

❶ 湖南汽车工程职业学院．湖南省卓越职业院校建设项目实施方案[EB/OL].[2015-6-10].

❷ 书籍编委会．江苏省高等职业教育质量年度报告(2018)[M]．北京：中国水利水电出版社，2018：55.

才集聚效应。杰出的人才或者优秀的团队开展获得高额资助的研究项目的过程中,必然戳中优秀青年教师的兴奋点并以无法抗拒的吸引力让其加入,通过"传帮带"形成人才的群聚效应,从而发挥滚雪球的作用。

学校在办学经费充足的情况下,可以用高额的收入和优质的科研资源吸引到高层次的人才。但是在办学经费相对紧张的形势下如何吸引人才、培养人才并组建优质的高水平师资队伍就成为很多高职院校需要解决的难题。师资队伍质量建设不尽如人意根源在于缺少高水平的教师发展服务体系。高水平的教师发展服务体系必须具备以下几个要素:一是为教职工提供多样化的教学资源,包括丰富的图书资料和网络资源、先进的实验室;二是开发和提供各种信息化管理工具,比如课程管理系统和课程评价系统可以对教师教学能力提升提供很大的帮助,先进的财务管理系统可以方便教师进行项目经费管理;三是人岗匹配、职责明确、奖惩有序的绩效管理,孔子说过"不患寡而患不均,不患贫而患不安",有效的绩效管理不但可以制约人人都具有的惰性,还能保证有志教师的积极性;四是相对于周边地区高校差距不大的收入水平;五是合理的职称晋升空间,为控制职称比例不断提高职称晋升的门槛是不科学的,不断提高门槛对于青年教师不公平而且会使相当多的青年人或是放弃努力或是铤而走险走向学术不端的歧途;六是发展职业结构来给予教师新的角色,吸收优秀教师作为学校改革的积极参与者,而不仅仅是别人设计的规划的实施者[1];七是支持教师职业发展和职业抱负的培训项目和科研支持服务;八是保障教师民主参与学校管理和维护个人权益的机制;九是健全的校园生活服务体系,包括各类体育健身中心、医疗诊所、幼儿中心等。

四、开发以学生为中心的教学和生活服务体系

高职院校的根本任务是立德树人。"立德树人"强调的是人之为人的根本和培养符合社会发展需要的人才培养目标体系,强调"树人为本,立德为先"。

---

[1] 安德烈亚斯·施莱克尔. 建设高质量的教师专业——来自世界的经验[M]. 孔令帅,丁笑炯,吕杰昕,译. 北京:北京大学出版社,2014:20.

立德树人所要培养的应该是德才兼备、和谐发展的人,这不等于说要面面俱到,而是有层次、有侧重、有区别。[1] 学校在人才培养的过程中首先是培养学生的正确的世界观、人生观和价值观,其后是专业知识的建构和专业能力的培养,再次是根据学生的个体特征因材施教,帮助学生个性的充分发展。学校作为一个教授学生技术技能教育机构的同时,还是一个青年学生经历学生时代向迈入社会的过渡阶段的机构,学校在学生的生活和学习各方面应给予全方位的关爱和帮助,对学生的人文素养和科学素质进行全方位的培育。

高职院校应树立以学生为中心的理念,开发能够符合高素质技术技能人才培养要求的教学和生活服务支撑体系,全面提升学生的社会能力、专业能力和方法能力。以学生为中心的教学和生活服务体系应具备以下几个要素:一是丰富的图书资源和便捷的网络学习系统,提供大量的网络资源和在线学习课程供学生根据个人兴趣以及需要进行自主学习;二是设立功能齐全的就业咨询、服务、指导中心,除了帮助学生创业、提供就业指导服务外,还需要强化毕业生就业情况的跟踪反馈职能,开通毕业生回访机制,定期对毕业生的工作情况以及毕业生对学校在人才培养方面的意见进行收集,并将信息及时反馈以便对专业建设和课程建设做相应调整;三是设立在校生关于学习和生活的各类问题的反馈系统,学生可以通过填写调查问卷或者直接邮件的方式将个人对于课堂教学的感受以及需要学校在餐饮等生活服务方面进行改进的地方进行反馈;四是资助服务系统,方便经济困难的学生申请奖学金、没有附加条件的助学贷款和校内外的兼职岗位;五是学生自我管理、自我服务的社团管理交流平台,社团、学生会等各类学生自我管理组织通过平台发布各类文体娱乐、文化宣传、技能比赛、志愿服务等活动,方便学生广泛参与,帮助学生补充学习以及丰富学生的业余生活和交流交友的社交需求。

五、促进办学经费效用的最大化

高职院校的办学经费同本科院校相比普遍比较紧张。首先双方办学经费

---

[1] 刘娜,杨士泰. 立德树人理念的历史渊源与内涵[J]. 教育评论,2014(5):141-143.

的主要来源都是政府的生均拨款,高职院校的在校生规模除重庆电子工程职业学院少数几个学校外普遍远小于本科院校,加之高职院校的生均拨款系数低于本科院校,所以高职院校办学经费远没有本科院校富裕。其次高职院校的科技服务能力与本科院校也存在差距,获得企业合作资源的能力也不够强。最后高职院校获得社会或个人捐赠都极其有限,几乎可以忽略不计。如何优化资源配置使办学经费发挥最大的效用、增加绩效产出以争取政府更多的财政专项拨款和企业的合作经费来扩充办学经费是每个高职院校应该思考和重视的问题。

结合世界一流大学的经验,为促进办学经费效用的最大化,完善内部控制制度,构建学校的财务管理绩效评价体系是重点工作。构建学校的财务管理绩效评价体系有以下几方面作用:一是顺应了国家对于高校完善内部经济活动风险控制的要求,提高学校内部审计部门的工作效能,预防贪污腐败和财务风险的发生;二是顺应了政府对高校财政拨款政策的转变趋势,以提高经费使用的绩效产出来获得政府的更多的财政奖补;三是完善学校内部经费管理办法,深化二级管理改革,进一步下放人、财、物管理权限,并规范相应的管理办法;四是完善学校财务预算管理办法,提高预算资金的使用效率,提升资源配置的使用效益。

六、确保质量保证和评价体系的高水平

高水平的内部质量保证和评价体系体现在两个方面:一是内部保证体系的完善;二是具备与保证体系相匹配的科学合理的评价体系能够确保保证体系高效运行。

高职院校完善的内部质量保证与评价体系是基于一定的管理理念由一系列管理制度和评价机制综合构成的,包括校党委会议议事制度、理事会议事制度、专业和课程管理办法、教师发展服务支持体系、学生发展支持体系、部门绩效考核办法、干部考核办法、个人年度考核办法、岗位考核和聘任办法、绩效激励办法、内部专业评价和人才培养质量评价等。

科学高效的评价需要具备两个基础条件:一是构建了科学合理的评价体系

并且体系能够顺畅运行，二是具备准确可靠的数据来源。要确保数据来源的全面、真实、可靠，需要学校组建数据平台，消除信息孤岛，将已有的人事、教学、学生、科研系统实现数据的共享，对功能不健全的原有系统进行完善或者重构，同时新增多元的数据采集渠道。数据的采集应以无感采集为主，在无法实现的情况下还是需要通过问卷、填表等传统方式由教职工和学生主动填报进行补充。数据平台除了数据收集功能还需要具备数据整理功能，学校结合自身需求可以在数据平台中增加相应算法进行数据整合，以此提高质量评价和诊断的科学性。

第三节　提升治理能力的保证体系

体制机制创新是高职院校构建内部质量保证体系提升治理能力、提高人才培养质量的突破口，是学校改革发展实现可持续、高水平的关键。在学校需要开放办学不断增强与政府、社会、行业企业沟通交流合作的大环境之下，以及坚持以人文和卓越的价值为引领的发展过程中，进行内部管理组织再造、管理流程变革，重塑开放、民主、服务型管理是重点工作。

对于高职院校而言，办学校就是办专业，办学定位准确、专业特色鲜明是学校的立校之本。专业建设是否具有特色由课程体系和人才培养模式决定。无论是什么样的课程体系和人才培养模式都离不开教师和学生在教育教学活动过程中的高投入。高职院校的内部质量保证可以总结为五个层面的质量保证，即学校、专业、课程、教师、学生。本节主要讨论学校层面的质量保证体系的构建，其他四个层面的质量保证体系构建在后续章节再具体展开。

学校层面的构建质量保证体系的主要目的是确保学校办学定位准确和办学的高效能以及办学经费效用的最大化。办学定位准确和办学高效能离不开科学合理的战略规划与实施以及高效率的决策系统。

一、战略规划与实施体系

高职院校在战略规划的过程中首先要明确的是学校的基本价值取向和目标,明确要发展成为什么样的学校;其次是要明确在短期(3~5 年内)学校要完成的主要目标;最后是进行任务分解并明确任务的落实举措和时间节点,在充分沟通和协商的基础上将任务分解到部门,再由部门分解到个人。

战略规划要充分发挥战略规划的引领、动员、凝聚和规范作用。学校通过 5 年或中长期战略规划引领学校的发展方向,在规划发展目标分解的过程中促进学校各部门和全体教职工思考,将部门目标、个人目标与学校发展目标相统一,动员全体教职工向共同的目标努力,提升组织的凝聚力。合理的战略规划可以限制一些超越规划的办学动议和行为,集中人力、财力资源保证学校发展的目的性和高效性。

内部质量保证首先要确保战略规划制定的高水平和高质量。战略规划的确定要注意以下几个方面:一是关注和自身类型差不多的学校的发展情况包括专业设置、社会服务等显性指标情况和分析他们发展变化起实质性作用的隐性因素,总结经验和教训为己所用;二是对学校所处的外部环境进行研究,以及外部社会、行业企业对自身的评价,明确学校整体发展水平所属的层次;三是学校内部环境进行深入研究,将教学问题、科研与社会服务问题、人事问题进行综合分析,寻找内在的联系,对影响学校发展的氛围和人际关系等做出准确判断;四是在全面地收集信息和研究分析信息的基础上,对学校发展进行功能设计和路径设计,在战略规划中,功能设计就是对高校发展的愿景和目标的设计,路径设计就是对高校组织结构改革与调整的设计[1]。

内部质量保证其次是保证战略规划实施高效、有序,高效的规划实施离不开高效的决策体系。

[1] 别敦荣. 高校发展战略规划的理论与实践[J]. 现代教育管理,2015(5):1-9.

二、决策体系

高校战略规划在制定、实施和结果评价判断中都面临系列决策。在规划制定过程中，高校通过对学校内外环境的分析、自身发展需要的判断、存在问题的识别来确定未来发展目标，这就是决策。在规划实施过程中，执行进度的判断、执行环境的变化、方案的调整，高校又面临决策。规划到期后的终期检查、对完成情况的分析和结论、对新一轮规划启示的获得，也存在决策。[1] 决策贯穿于规划的全过程，具有系统性、全局性、程序性、学术性、实践性等特征。

高职院校在学校规划制定和实施的过程中，决策的规范性尤为重要，各类决策都必须遵守学校上下达成共识的程序，并且要坚持民主的原则，需要利益相关者的广泛参与并提出建议和意见。学校关注和协调利益相关者的意见是确保决策科学性的关键。教师和学生是质量生成的主体，也是学校各项教育教学活动的管理主体。教师作为一个专业技术性很强的职业群体，他们有强烈的自我管理意愿和很强的自我管理能力，平衡学术权力和行政权力是所有高校都必须面对的问题，在决策以及学校各项管理活动中要充分发挥教师民主参与的作用，以此提高教师对学校的满意度和忠诚度。尽管高职院校的学生由于个体能力和素质的限制，他们参与管理学校教育教学各类活动的能力有限，但是他们仍是不可或缺的参与主体。除了决策程序的规范性之外，充分、准确、及时的信息也是决策保持科学性和合理性不可或缺的因素。

三、内部控制体系

内部控制体系包括：内部控制机制、内部管理制度、预决算管理、资金管理、资产管理、采购管理、工程项目管理、经济合同管理、所属法人单位管理、内部审计制度等方面。全面预算管理和绩效评价体系是实现学校资源优化配置的重点工作。

---

[1] 杨江水，陈昌蓉，吴家胤．高校战略规划决策评价的多维度探析[J]．高校教育管理，2017(2)：9-16.

高职院校预算管理制度应注意以下几个方面:一是选择合适的预算编制方法,对往年各项预算执行情况进行分析和论证;二是杜绝负债的出现,负债运行会给学校财务带来极大风险;三是规范预算编制依据,提高参考数据的准确性;四是扩大教职工在预算编制过程中的参与度,加强各部门与财务处和校领导层面的沟通,形成部门间的良性互动,完善预算的分配制度,合理分配预算;五是减少预算调整和追加预算的情况发生,保持预算管理的严肃性;六是完善预算评价体系。高职院校预算管理制度设计流程如表 4-1 所示。

表 4-1　高职院校预算管理制度流程

阶段	程序
预算编制	1. 各部门结合中长期规划明确年度任务和目标
	2. 各部门细化任务目标、制订行动方案、提出预算申请
	3. 学校审核预算申请,确认、批复、公示预算情况
预算使用控制	1. 各部门对预算使用根据学校内部控制制度相关规定进行内部控制
	2. 学校财务、审计部门对各部门的经费使用进行外部控制
预算使用报告	1. 各部门提交年度预算使用情况的报告
	2. 根据学校相关规定,各部门在年度工作质量报告中公示部门预算的使用情况
预算使用评价	1. 学校对各部门预算使用情况进行评价
	2. 评价结果运用

第四节　治理能力的评价体系

学校层面的质量评价体系主要是促进学校治理能力的提升,保证治理的质量,主要体现在以下两个方面:一是通过战略规划的合理性评价以及战略规划实施的科学性评价提高学校规划和决策的质量,二是通过预算管理评价来促进办学经费效用的最大化。

一、战略规划的合理性评价

高职院校战略规划的合理性是对规划的制定进行评价，主要从三个方面进行评价：一是考察规划制定过程程序是否规范，二是考察规划制定对外部环境的适应情况，三是考察规划制定对内部环境的适应情况。规划的合理性指标如表4-2所示。

表4-2　高职院校规划的合理性评价指标

指标层	观测指标
规范性	1. 校领导的重视程度以及发挥的宣传和协调作用
	2. 教职工的关注程度和参与程度
	3. 学生的关注程度和参与程度，以校友的意见作为主要参考源
	4. 是否邀请专家组成专家组参与规划
	5. 与上一轮规划的延续性
	6. 政府、用人单位、社会对规划的意见
外部适应性	1. 高职教育的发展趋势
	2. 学校所处区域的产业和经济发展情况分析
	3. 同层次同类型院校的发展情况分析
	4. 国家、地方政策分析
	5. 用人单位对人才培养的需求
内部适应性	1. 办学现状分析（优势和问题分析）
	2. 毕业生的流向和就业情况分析
	3. 学校发展需要分析（需要解决的主要矛盾是什么）
	4. 教职工对于学校发展定位和阶段目标的支持度
	5. 定位和目标明确，可测量和评价
	6. 学生对学校办学条件的认可度

学校战略规划的科学性由学校发展规划处或者校长办公室在新一轮学校5年规划起草、内部公示、修改后以及正式对全校教职工、学生和社会发布之前组织由校内资深教师代表组成的评价小组进行评价，并形成评价报告，提交学校党委会，为决策和规划修订提供咨询。

二、战略规划实施的科学性评价

高职院校战略规划实施的科学性评价主要评价规划的完成情况，主要有两个工作：一是评价各部门年度工作目标的分解和执行情况，二是评价“五年”规划的中期完成情况以及调整情况和“五年”规划的完成情况。规划的科学性评价可以从可行性、达成度和有效性三个维度进行，可行性即规划目标任务可执行，达成度即规划目标任务的完成率，有效性则体现在利益相关方对规划目标实现的满意度上。高职院校规划实施的科学性评价见表4-3。

表4-3　高职院校规划实施的科学性评价

维度	指标层	观测指标
可行性	契合度	1. 学校年度总目标与中长期规划目标相一致
		2. 各部门年度工作目标与学校年度总发展目标相一致
		3. 重点任务的建设举措与发展目标相契合
	保障度	1. 有相应人力资源作保障
		2. 有相应物力资源作保障
		3. 有充足的财力资源作保障
		4. 行政职能部门有相应的制度供给作保障
		5. 有相应的考核评价奖励办法作为动力保障
		6. 有动态跟踪反馈机制
		7. 校领导高度重视，组织、领导、决策、协调高效
达成度	完成度	1. 规划重点任务的完成情况
		2. 专业建设和人才培养状况
		3. 师资队伍建设状况
		4. 科研和社会服务建设状况
		5. 国际化进程状况
		6. 基础建设状况
	调整度	1. 外部环境变化分析
		2. 有规划实施情况定期分析报告
		3. 结合外部环境变化，按照程序适当调整目标、重点任务和实施方案

续表

维度	指标层	观测指标
有效性	满意度	1. 教师对学校发展效果的认可情况
		2. 教师对工作环境和个人发展情况变化的满意度
		3. 学生对教学和生活环境变化的满意度
		4. 学生对课堂教学效果的满意度
		5. 用人单位对毕业生的认可度
		6. 社会对学校的评价
		7. 政府对学校办学绩效的认可度
		8. 校友对学校声誉的认可度

学校战略规划的科学性评价由学校发展规划处或者校长办公室在学校5年规划实施的中期和末期组织由校内资深教师代表组成的评价小组进行评价。评价小组主要参考学校信息化管理平台中各部门提交的各项自评报告、诊断报告以及各种外部评价的反馈信息进行评判，所形成的规划实施中期评估报告和规划实施评估报告是学校进行自我发展质量判断的依据，也是学校进行新一轮5年规划并提高规划科学性的依据。

三、预算管理评价体系

高职院校预算管理评价体系可以从两个层面进行构建，一是微观的部门层面，二是宏观的学校层面。部门层面主要评价部门经费使用的经济性和使用效果。学校层面主要评价经费使用的经济性、效率、效益和公正性。

部门层面经费使用的经济性体现为花最少的钱办最多的事，使用效果体现在为教学与科研活动提供了经费保障、帮助教职工的成长且教职工普遍受益，部门预算经费使用评价表如表4-4所示。

部门层面预算经费使用的评价由部门自评和学校评价相结合，学校财务处将评价结果作为年度部门预算调整的依据。

表 4-4　部门预算经费使用评价表

维度	观测指标
财务指标	1. 经费使用率
	2. 固定资产增长情况
	3. 三公经费使用情况
教学与科研指标	1. 教学支撑情况（专业评价、课程评价、课程建设等的经费保障情况），产生的教学成果
	2. 科研支撑情况，产生的科研成果
	3. 成果的应用情况和影响力
教职工成长	1. 教职工继续教育和培训的经费使用情况
	2. 受益人员率
合理合规性指标	1. 资金使用合规性
	2. 资金使用合目的性

学校层面预算管理评价是一项复杂的专业化活动，笔者的专业背景和工作职责鲜有涉及学校层面的经济活动的研究和管理，因此笔者在此不对学校层面的预算管理评价体系进行深入探讨。

第五章　专业层面的质量保证与评价

对高职院校而言,办学校就是办专业,学校育人价值取向和人才培养理念主要通过专业建设来体现。高职院校专业建设轨迹是新设专业,发展专业培育特色,沿着特色专业的步伐,向特色专业群进一步向特色专业集群迈进。高职院校专业质量保证就是结合学校自身办学历史和基础,根据外部环境,贯彻学校的发展目标,不断提高核心竞争力,保证人才培养质量符合社会经济发展需求。

专业评价一直都是专业层面质量保证的核心制度。从全球范围来看,从以外部专业评价为主向以内部专业评价为主发展是必然趋势,内外结合,外部专业评价发挥监督和指导作用、内部专业评价实现持续改进是学校质量自治的核心命题。内部专业评价制度既要满足外部环境对高职教育质量保证的需要,又要满足学校内部发展解决阶段性矛盾的需要。

第一节　专业层面质量保证的内容

一、彰显专业特色

强化内涵建设是内部质量保证体系诊断与改进的目标,而内涵建设的成效体现在人才培养质量的提升、社会美誉度和认可度的提高以及学校影响力的提升,这些需要学校具备优质的教学能力、先进的教学理念、领先的教学手段、灵活的管理方式、深厚的育人文化,如何体现优质则需要学校突出特色,体现人无我有、人有我优的过人之处。特色发展不是要求学校标新立异,而是要求学校不断革新、打造和提升优势专业,发挥工匠精神,顺应社会发展需要不断深化产教融合，可以是努力促进学科发展进行技术技能积累，也可以是强化服务社会的能力，是不断提升内适和外适质量的过程。学校通过优势专业的集群发展，实现专业资源共建共享，形成优势专业群，通过优势专业群的同步融合发展，拓宽各专业群资源的使用边界，发挥集群发展的溢出效应，打造优势专业集群，最终形成自身的办学特色，提升综合竞争力。

二、坚持多元质量观，推动专业分类发展

学校的专业设置和发展需结合发展历史以及学校所处地域经济发展和产业发展情况进行调整，同一所学校传统和新兴专业受各种有形无形资源制约其发展质量目标存在差异是正常现象。新设专业有迫切的迅速发展的内在需求；传统优势专业面临回应产业转型升级发展诉求进行课程体系调整和人才培养模式创新以维持高质量的挑战。专业建设需适应国家开放大格局，响应“一带一路”倡议，积极参与国际教育分工，输出优质教育资源，推动专业核心课程标准与国际通用职业资格证书相衔接，探索校企深度融合，建立境外人才培养基地，服务企业“走出去”。学校需要提高优势专业的建设标准，以国际先进标准如《悉尼协议》和《首尔协议》等作为参照，提高专业建设质量的国际认可度。

由于学校内部不同层次不同类型专业发展的需要，构建专业质量保证体系的过程中应树立多元的质量观，以推动专业的分类发展和平衡发展为目标。新设专业采用一般标准以规范建设为目标，一般传统专业采用目的适切性的质量标准以适应行业企业的一般需求为目标，优势专业采用卓越质量标准以服务产业转型升级需要培养高层次专门人才为目标。

第二节　专业层面的质量保证体系

一、保证体制

高职院校内部的专业层面的质量保证由学校层面的宏观管理和二级学

院层面的微观管理共同负责。学校层面通过设立教学工作委员会对学校教育教学改革、人才培养和教学管理等工作负责咨询、审议和督查,具体工作主要由教务处负责实施。二级学院作为办学主体负责具体的专业规划与建设。

1. 宏观质量管理

教学工作委员会负责审议学院专业(专业方向)设置和人才培养方案并指导实施;审议教学职能部门提出的教学工作规划、教学改革措施、教学管理制度;审议校内外实训基地建设规划和重点实训室建设;审定各类教学奖评定标准和办法,评审教学成果奖、教学名师奖等教学奖励项目;审定教学改革各类项目的管理办法,评审教学团队、品牌特色专业等重大教学项目等工作。

教务处是负责专业质量管理的主要部门,在专业层面质量保证体系中发挥指挥、服务、监督和协调作用。教务处下设的专业与课程建设办公室对专业层面质量保证全面负责并实施全面管理:负责收集和分析专业建设过程中存在的问题,向教学工作指导委员会提供信息;设计、调整专业层面的质量保证方案;指导二级学院专业层面质量保证工作的开展;组织实施内部专业评价。教务处配合学工处、团委、人事处、招生就业处、科技处等部门做好专业的第二课堂建设和师资队伍建设等工作。

2. 微观质量管理

二级学院院长统筹学院的专业规划和内涵建设工作,充分发挥专业建设指导委员会的作用,组织调研行业企业发展趋势并规划专业发展方向和申报新专业,组织编写专业人才培养方案,配合学校定期开展内部专业评价,对专业人才培养的全过程进行监督。

教研室主任和专业负责人是专业层面质量保证的具体执行者,在二级学院院长领导下,负责规划专业建设方向、调整专业人才培养方案和课程体系、自我评价专业的建设质量。

二、保证机制

1. 构建对话机制明确质量标准

对话机制的目的在于促进不同利益主体通过交流增进理解,通过交流获取信任,通过交流达成共识,通过交流互帮互助。高职院校在明确专业建设质量标准的过程中需要构建四个不同层次的会话平台:一是学校与企业和社会、二级学院与企业和社会的会话平台,主要目的是明确学校专业设置以及专业调整的方向,确定专业的人才培养目标,调整课程体系,讨论课程标准等课程设计的内容,使专业和课程建设与企业、社会需求相契合;二是学校与二级学院之间的会话平台,主要目的是明确具体专业的建设规划,以及明确学校对于学院在专业建设过程中需要提供哪些保障措施;三是学校与教师、二级学院与教师之间的会话平台,主要目的是帮助学校和二级学院了解教师对于所属专业的诉求,明确教师的权利和义务;四是学校与学生、教师与学生之间的会话平台,通过一对一访谈、群体小范围座谈会、大面积的问卷调查等方式全方位倾听学生意见,主要目的是帮助学校和教师了解学生的利益诉求,了解学生对于专业课程的真实认知和想法,了解学生的兴趣点以及课堂学习的掌握程度,帮助学生进行人生规划和学习。对话机制的构建需要坚持"公正"的价值理念,才能确保对话的有效性。会话平台要保证不同的利益主体在对话的过程中话语权的平等,学校和职能部门要尊重教师、学生、企业、社会的发言内容,鼓励发言、接受发言,如果光听而不采纳就失去了会话本该有的意义。

2. 构建专业的多元评价体系监督质量生成

专业的多元评价体系表现为专业评价标准的多元和评价主体的多元。高职院校在构建专业的多元评价体系和监督专业建设的过程中首先需要制定多元的评价标准,其次是构建多元参与的评价机制根据评价标准对每个专业进行监督和评价。采用内部外部评价相结合的方式,摒弃"千校一面"的同质化思维,以院校自我评价为基础,用"自己的尺子量自己",此外,为提高外适质量的要求积极参加由社会中介机构以及政府组织的外部评价。不同类型不同办学基础的专业明确自我发展定位，自我制定评价标准和评价方案，定期开展自我评价，在评价实施过程中坚持师生全面发展理念，鼓励教师和学生共同参与，注重培养教师和学生参与评价的意识和能力，重视教师和学生评价反馈意见的运用。此外，引入校内外同行评价，聘请社会中介机构进行用人单位满意度评价和学生职后发展质量的跟踪评价，形成多主体的而非学校职能部门主导的单主体的内部评价机制。

第三节　专业层面的质量评价体系

一、专业评价的发展趋势

1. 理念的转变

从2004年开始，专业评价作为高职院校办学质量评价的一项重要活动在全国如火如荼地进行，2004年起进行的“高职高专院校人才培养工作水平评估”和2008年开始开展的“高等职业院校人才培养工作评估”都强调了鉴定，以奖励和惩罚为基础进行院校选拔，带有浓重的管理主义倾向，以教育主管部门为主体，突出了行政领导评价为绝对地位的特征。这种评价在高职院校迅速发展的特定历史时期发挥了重要作用，对于大量刚升格的高职院校的规范管理、基本办学条件达标、人才培养质量的基本达标等学校建设方面起到很好的保障作用。但是这种评价抑制了学校办学的自主性和多样性，造成了学校之间的模仿和趋同，学校同质化特征明显。政府为了适应生源的复杂化和社会环境的复杂化，满足社会多样性的需求，重视学校办学的自主性，鼓励特色办学，实现学校质量自治，要求学校以多元化的评价标准开展内部专业评价。

2. 机制的转变

过去的专业评价主要是教育行政部门牵头，是一种较为宏观的、行政——计划式的、激励性质的评价，随着评价理念的发展以及评价实践的反思总结，专业评价呈现出以学校为主体的微观的、监督——服务式的、保障性质的评价。《国家中长期教育改革和发展规划纲要(2010—2020年)》中提出："改革教育质量评价和人才评价制度。改进教育教学评价。根据培养目标和人才理念，建立科学、多样的评价标准。开展由政府、学校、家长及社会各方面参与的教育质量评价活动。做好学生成长记录，完善综合素质评价。"根据《高等职业院校内部质量保证体系诊断与改进指导方案(试行)》教职成司函〔2015〕168号文件相关要求，高职院校内部需建立常态化的专业诊改机制，并积极参加外部专业诊断，目的在于确保人才培养的质量和提升社会、企业的满意度。[1]

3. 目标的转变

过去的教育教学质量评价重在考查学校整体的办学能力，在专业层面的评价按评价的目标大致可以分为三类：一类是推优型的评价，如评选省品牌特色和特色高水平专业；一类是认证型的评价，如学校开设新专业需要进行新设专业的合格认证评价；还有一类是采用抽查方式进行的合格率检测型的评价，如对毕业设计的抽查。这些评价存在只评价不改进的弊端，优秀的专业如被遴选为品牌特色的专业只是在建设结束后进行一次验收，忽视持续质量改进；毕业设计抽查这种评价方式并不是全面检查，被抽查的专业如果出现抽检不合格的现象，虽然会被要求改进，但也只是针对个别被抽检专业，相对多数的专业可能仍都抱有侥幸心理，认为不会被抽到，就是抽到了也未必会定性为不合格，再加上毕业设计也只能作为专业质量判断的其中一项指标，并不能代表专业的整体建设水平，在质量改进方面并不会主动作为。

在全面质量保证的理念下学校保证专业质量的评价活动应该呈现出常态化的趋势，现在专业评价的目标定位为诊断与改进，评价对象由部分专业扩散

[1] 吴伟."公正"理念下的高职院校内部专业评估探讨[J].职业教育研究,2017(12):30-34.

到所有专业,由抽查毕业设计这种局部评价变成专业的全面评价,目的在于发现每个专业存在的问题,诊断问题,寻找改进的方向和目标,动态进行螺旋式的诊断、改进、提升和发展,以不断提高整体质量为最终目标。

4. 内容的转变

过去高职院校的专业评价在评价内容和评价指标体系的权重上重视对显性指标的考核,把实验实训硬件设备的多少、经费的投入、师资队伍等容易考核的指标作为主要考核指标,在体现专业人才培养质量的指标如企业岗位契合度、学生学习成果展现、学生职业规划和可迁移能力等考核不多。

现在内部质量保证下的专业评价要求进一步完善高职教育人才培养工作评估,吸引行业企业参与人才培养质量评价,将毕业生就业率、就业质量、企业满意度、学生学习成果等作为衡量人才培养质量的核心指标,通过数据的整合分析评价校企的融合程度、专业服务社会的能力、重点专业和特色专业的辐射影响力,评价课程标准的科学性、先进性、规范性和完备性。

二、内部专业评价的目的

过去我们的外部专业评价和人才培养工作水平评估对高职院校的规范管理和内涵建设起了重要推动作用,但这种宏观的非常态化的评价对于学校整体专业建设水平提升的指导能力和监管能力有限,现在我们的常态化的内部专业评价有助于高职院校完善专业和课程标准并对接区域产业和行业发展进行适时调整,通过理顺学校内部治理结构形成全员参与的群策群力的质量自治文化,在内涵建设的同时促进师生的全面发展。

1. 作为外部专业评价的基础

高职院校内部的专业评价是对教育主管部门组织的由外部专家实施的专业评价以及第三方评价构成的外部评价的重要基础,是内部人才培养质量保证的基础,而外部评价是质量保障的外力助推。外部的质量保障属于选项质量检查与评价,侧重认证、鉴定、审核等,如对新设专业的审核、奖励优秀典型案例树标杆评选品牌专业等。而高职院校内部的专业评价是学校自行建立的一系列评价体系,从自身实际出发,为赢得企业认同,提升专业的社会知名度和辐射能力,探索自我发展、自我约束、自我改进的机制,属于找差距找不足、分析潜在困难的诊断性的评价,是致力于精益求精确保人才培养质量的评价。外部评价的结果帮助我们认识自身的不足,而内部评价则是让学校主动反思办学资质和能力,寻找与同类院校同类专业之间的办学差距,诊断导致差距的根本之所在,明确改进的方向和措施。

2. 调整和发展专业的依据

专业调整与发展的目的在于不断改进与完善以确保人才培养的质量持续符合社会、行业企业需求,改进的基础是必须具备非常有效的内部评价机制。学校通过内部专业评价能够有效促进二级学院主动进行专业教学质量和教学能力的反思,寻找与同类院校同类专业之间的差距,对行业企业进行调研,熟悉企业用工需求,不断重新定位人才培养的标准,对专业的课程体系进行修订以契合行业企业需求。各专业通过结合外部评价的标准和方式方法进行内部评价,吸收行业企业反馈的信息,以自我反省自我检讨的方式,寻找改进的目标,通过诊断评价结果,生成改进方案,形成“评价—改进—评价—改进”持续渐进的循环,不断推动专业的调整和发展以适应社会和企业的发展需要。

3. 加强交流、统一思想、凝聚合力

内部专业评价活动本身是一个交流的过程。首先,内部专业评价能够促进教师和学生之间更频繁的交流,过去教师和学生也交流也互动,更多的可能是活跃课堂气氛,而内部专业评价实施过程中需要教师与学生更频繁的互动,就学生学习结果和学习情况进行交流,帮助教师寻找改进课堂教学效果的诊断要素。其次,内部专业评价能够促进全校教职工之间的交流,包括上下级之间、行政管理人员与教师、教研室内部成员各层面的交流,在思想碰撞的过程中统一思想、达成共识,明确学校的发展目标,明确部门与个人的职责所在,华东师范大学通过内部评价,全校认识到转型发展的重要性和发展的新方向,在专业平均学生数减少的客观情况下,调整教学结构,实现本科教学向关注个性、关注精英、关注拔尖创新人才培养的研究型教学转型❶。再次，内部专业评价能够促进二级学院、专业教师与企业的沟通交流，专业课程体系的构建与调整和课程内容的设计与调整需要与行业企业现实要求和发展相契合，如何实现契合需要我们加强交流，将专业建设指导委员会制度以及类似制度的作用落到实处。

4. 优化学校内部治理结构

内部专业评价可以促进职能部门之间横向以及与二级学院之间纵向的全面沟通，促进职能部门职能的转变，使职能部门的服务和监督职能更加凸显，使其服务意识得到加强，破除职能部门之间的行政壁垒。人才培养是一个系统的工程，多元治理要求各部门相互配合、协作育人。二级学院在专业评价过程中不再处于被动的被评价以及被动接受工作任务，二级学院具有自主管理的权利，在沟通交流的过程中，寻求学校和职能部门的支持，可以主动提出适合专业自身特点的建设方式和评价方式。学校内部横向纵向的对话有利于职能部门和二级学院形成招生—培养—就业的联动机制，有利于完善学校内部的治理结构。

5. 帮助师生自我实现

内部专业评价迫使教师在教育教学活动中投入更多的时间、精力和情感，思考如何进行课程体系的调整和课程教学过程的重新设计，思考如何调整教学方法能够让学生理解知识要点和熟练掌握技能等等问题。教师在思考与改进的过程中可以提升自己的教学效果、提高业务素质能力、实现短期的自我价值。学生在内部专业评价过程中增进了与教师和学校的交流，锻炼了语言表达能力和人际交往能力，在教师的引导下养成思考问题的习惯，锻炼思维能力，提升解决问题的能力和知识、技能的综合运用能力。

---

❶ 王玉琼．基于专业评估的本科教学持续发展与质量保障机制建设研究——华东师范大学的探索与实践[J]．上海教育评估研究，2015(4)：49-53.

三、构建内部专业评价的原则

1. 尊重差异性，分类评价

内部专业评价涉及学校、教师、学生和家长、行业企业、社会多个利益主体，评价的核心受益人是教师、学生和家长，潜在受益人是行业企业和社会，边缘受益人是学校。不同大类的专业由于其利益相关者（师生、行业企业、社会）利益需求的多样化决定其专业的定位和评价标准必然会存在差异。内部专业在评价时，首先要坚持不同大类专业分类评价的原则，工科专业、工商类专业和艺术类专业需要使用不同的评价标准；其次要坚持同类专业不同层次的发展需求进行分类评价的原则，比如同样工商管理类专业，有的专业起步早基础好，甚至是省品牌专业，有的专业属于新兴专业，不同层次的专业评价的标准要体现差异性。内部专业评价要让不同的利益群体都感觉在这项活动中受益，才不会产生抵制情绪，才能确保评价活动持续性推进。

2. 强调沟通和协商，坚持对话

满足多元主体的利益需求是学校进行内部专业评价的出发点，以“公正”的价值观为引领促进多元主体利益的最大化是内部专业评价的目标，学校必须完善对话机制，对话机制能够促进多元利益主体的沟通和协商。外部专业评价在不断的实践反思之后形成了一套指标体系，这些指标体系遵循了绩效管理的思想和要求，指标追求量化和可测量性，而且指标不断细化。而专业评价涉及的多元主体的利益有很多不能通过显性的指标来表达，各方的利益往往都是一些隐性的要素，一些观点还有一些特色的管理方法需要长期实践以后才能展现成果，短期的显性指标并不能全面地反映真实的情况，尤其是专业的办学特色需要长期的历史积淀来展现。学校需要在内部专业评价的过程中与评价涉及的多元主体进行深入的交流沟通，为各利益主体提供思想和利益需要表达的平台，就不同的利益需求进行整合，采用协商的方式接受与舍弃，使不同利益群体在对话中增进理解、在对话中相互欣赏、在对话中达成共识。

3. 以课程评价为中心

专业是课程的组织形式，是由一系列具有内在关联性的课程组成的课程体系，专业教学成果需要通过课程教学来体现，课程教学是人才培养过程中最为关键的环节，也是当前亚洲主要国家和地区高等教育质量评估中的重点，[1]因此课程评价应置于专业评价的中心。对于高职教育，课程体系的构建首先要坚持社会工作能力提升和专业知识技能提升两个基本导向，其次要坚持公共课程和专业课程融入思想政治教育和创新创业教育，最后坚持基于岗位需求和工作过程的课程设置和课程设计理念。课程评价注重考查教学内容是否符合产业发展需要、实践课程和实践教学内容是否充足妥当、教学是否有利于学生培养和践行社会主义核心价值观以及锻炼创新创业思维、学生课堂学习之后是否学会了相关知识和技能等。

4. 树立师生全面发展理念

学生体面就业和教师幸福生活是高职院校以人为本办学理念体现的两个基本方向，高职院校办学应坚持师生全面发展、共同进步的原则。内部专业评价的目标是提升办学的质量，对于学生而言，质量体现在学生个体认知水平提高、技能熟练、思维能力提升、创新能力激发、意志品质升华；对于教师而言，质量体现在教学能力增强、科研水平提高、个人涵养提升。在内部专业评价的过程中教师应注重对学生学习过程的观察，侧重对学生发现问题、解决问题能力的考查等，通过多渠道收集信息、分析信息，指导帮助学生全面发展。学校应督促教师主动思考，寻找差距与不足，为教师提供学习和发展的机会与平台，帮助教师不断提升教学水平和科研能力，在强化专业内涵建设的过程中促进师生的共同进步。

5. 目标管理与过程控制相结合

美国著名教育学家拉尔夫·泰勒（Ralph Tyler）强调：评价过程实质上是一

[1] 李志义，王会来，别敦荣，等．我国新一轮本科教育评估的国际坐标［J］．中国大学教育，2019（1）：33-38，81.

个确定课程与教学实际达到目标的程度的过程[1]。内部专业评价是评价专业经过系列建设和保障措施后是否达成目标,通过目标管理形成终结性评价是评价的常规工作。但是在关注结果的同时更应关注对过程的控制,在"以学生为中心"的新教育范式指导下的质量保证体系强调"诊断—改进—诊断—改进",质量持续提升。在评价的过程中更应重视过程性评价,评价应是全员全方位的贯穿教学活动始终,重心应放在"评学生收获""发现教学问题症结之所在""学习意识和能力"上。

6. 鼓励多元参与,协作治理

内部专业评价不能仅仅局限于由学校层面组织的"学术委员会""评价委员会"或者类似的组织进行单方面的评价,如果是单方面的评价又会陷入过去由教育主管部门牵头的评价的困境,不能百分百发挥评价应有的价值意义。在评价的过程中让不同利益主体都参与到评价中来,不同利益主体基于需求从不同的角度进行评价,形成多元参与型的评价。评价标准由专业负责人同二级学院和教务处协商确定,不同的指标由不同的主体进行评价。比如在"质量诊断改进"之类的指标上由学校层面进行评价;"教学效果"之类的指标由教师和学生进行评价;"学生就业适应情况""用人单位满意度""毕业生中长期发展评价"等这些信息学校难以收集和进行评价,这类指标由行业企业和第三方评价机构进行评价。通过多元参与,形成点、线、面结合的立体式的综合评价。

四、内部专业评价体系的构建

1. 确定专业标准

内部专业评价标准的确定必须依据专业建设质量标准。专业建设质量标准需要依据学校办学定位并结合专业发展基础确定。学校的发展目标是成为知名院校还是国内一流院校或者是世界一流院校,某一专业是以普通人才培养为主还是以高技能人才培养为主或者是学科发展技术技能积累创新为主,这些

---

[1] 拉尔夫·泰勒. 课程与教学的基本原理[M]. 施良方,译. 北京:人民教育出版社,1994.

目标都决定了专业建设质量标准的多元化。质量保证要求摒弃同质化思维，鼓励自主发展和特色发展，学校在确定专业标准的过程中需要对不同类型、不同基础的专业进行分类管理。

高职院校的专业按照学科类型可分为艺术类、工科、师范类、商科等；按照办学基础可分为新设专业、一般专业、品牌专业；按照招生对象可分为中高职衔接、普通、本科层次（4+0）专业。不同学科分类的专业制定专业标准的思路是一致的，不同招生对象的专业标准主要体现在课程体系的差异上。学校可以根据新设专业采用一般标准、一般传统专业采用目的适切性的质量标准、品牌优势专业采用卓越的质量标准并结合专业特点的思路制定专业标准。

新设专业我们可以依据《普通高等学校基本办学指标》《普通高等学校高等职业教育（专科）专业目录》《教育部关于职业院校专业人才培养方案制订与实施工作的指导意见》（教职成〔2019〕13 号）中的相关规定和要求进行专业标准的制定。《普通高等学校基本办学指标》明确提出了师生比、师资队伍学历结构、实验实训设备、图书等软件和硬件标准。《普通高等学校高等职业教育（专科）专业目录》明确了每个具体专业的人才培养基本目标、就业方向、毕业需要具备的主要能力、核心课程和实验实训要求等。最新的《教育部关于职业院校专业人才培养方案制订与实施工作的指导意见》则从宏观层面对课程体系、学时、毕业要求、技能证书等提出了更详细的要求。

新设专业的专业标准可以说是最低标准。学校具有一定办学基础和历史的一般专业在制定标准的过程中，除了保证满足最低标准，还要结合专业对应的行业标准提出高层次的要求。每个行业的行业标准众多，以纺织行业为例，根据全国标准信息公共服务平台发布的信息来分析，纺织行业目前已备案的标准多达 1909 条[1]，学校在制定专业标准的时候显然不可能参考所有的行业标准，需要根据学校服务地域的行业企业的发展情况选择性的取舍，参考与专业核心课程相关的标准。品牌优势专业的标准相对于一般专业需要进一步提高

[1] 参见全国标准信息公共服务平台.

要求。比如现代学徒制的专业在制定专业标准的过程中需要参考合作企业的企业标准;4+0 本科层次的专业需要参考合作本科院校对应专业的专业标准;品牌特色专业招收国际留学生的需要参考相关国际标准和国外标准。

2. 制定评价标准

高职院校在制定内部专业评价标准的过程中一是要结合所评价专业的专业标准,二是要参考外部评价标准。从世界经验和我国的实践经验来分析,各国专业的外部评价标准都与专业标准的元素保持高度的一致性,专业的评价标准依据学科进行分类是各个国家的通用做法。目前我国高等教育已经明确的外部专业评价有普通高等学校师范类专业认证和工程教育认证。截至 2018 年底,全国共有 227 所高等学校的 1170 个专业通过了工程教育认证,分布于机械、化工与制药等 21 个工科专业类[1]。普通高等学校师范类专业认证可以作为高职院校制定专业评价标准的参考范例,工程教育认证尽管是针对本科院校的,但是其评价标准对于高职院校的 4+0 专业和优势专业的评价标准的制定具有参考价值。目前国际正在使用的面向高职院校的专业认证比较著名的有 ABET 和 IEET。ABET 认证按学科目前分为 4 类,其中应用与自然科学和工程技术认证可以适用于高职院校。IEET 认证只针对工程技术类专业。

通过比较各专业认证的评价标准,可以发现这些标准具备共性特征,对参加认证的专业的办学历史和基础并不做筛选,只要符合基本条件就可以申请参加认证,所以同一大类的专业可以依据通用标准进行专业评价。

专业内部评价的目的是实现持续改进以适应外部环境的需求,外部评价标准可以作为制定内部评价标准的重要参考依据,这里笔者选取师范类专业认证中的小学教育专业认证标准(表 5-1)、工程教育认证标准(表 5-2)、ABET 中的工程技术认证标准(表 5-3)和 IEET 工程技术认证标准(表 5-4)进行比较,寻找共性特征,对高职院校内部专业评价标准设计提出建议。

---

[1] 关于发布已通过工程教育认证专业名单的通告(截至 2018 年),2019-06-24.

表 5-1　小学教育专业认证标准

标准	观测指标	参考标准
课程与教学	1. 教师教育课程学分	必修课≥24 学分（三年制专科≥20 学分、五年制专科≥26 学分） 总学分≥32 学分（三年制专科≥28 学分、五年制专科≥35 学分）
	2. 人文社会与科学素养课程学分占总学分比例	≥10%
	3. 学科专业课程学分占总学分比例	≥35%
合作与实践	1. 教育实践时间	≥18 周
	2. 实习生数与教育实践基地数比例	≤20∶1
师资队伍	1. 生师比	≤18∶1
	2. 教师教育课程教师占专任教师比例	≥40%
	3. 具有高级职称教师占专任教师比例	≥学校平均水平
	4. 具有硕博士学位教师占专任教师比例	≥60%（专科≥30%）
	5. 小学兼职教师占教师教育课程教师比例	≥20%
支持条件	1. 教学日常运行支出占生均拨款总额与学费收入之和的比例	≥13%
	2. 生均教学日常运行支出	≥学校平均水平
	3. 生均教育实践经费	≥学校平均水平
	4. 生均教育类纸质图书	≥30 册
		每 6 个实习生配备小学教材≥1 套
	5. 微格教学、语言技能、书写技能、实验教学、艺术教育实训室等教学设施	有

资料来源：教育部官网

表 5-2　工程教育认证标准（2017 年 11 月修订）

标准	观测指标
学生	1. 具有吸引优秀生源的制度和措施
	2. 具有完善的学生学习指导、职业规划、就业指导、心理辅导等方面的措施并能够很好地执行落实
	3. 对学生在整个学习过程中的表现进行跟踪与评估，并通过形成性评价保证学生毕业时达到毕业要求
	4. 有明确的规定和相应认定过程，认可转专业、转学学生的原有学分

续表

标准	观测指标
培养目标	1. 有公开的、符合学校定位的、适应社会经济发展需要的培养目标
	2. 定期评价培养目标的合理性并根据评价结果对培养目标进行修订，评价与修订过程有行业或企业专家参与
毕业要求	1. 工程知识：能够将数学、自然科学、工程基础和专业知识用于解决复杂工程问题
	2. 问题分析：能够应用数学、自然科学和工程科学的基本原理，识别、表达、并通过文献研究分析复杂工程问题，以获得有效结论
	3. 设计/开发解决方案：能够设计针对复杂工程问题的解决方案，设计满足特定需求的系统、单元（部件）或工艺流程，并能够在设计环节中体现创新意识，考虑社会、健康、安全、法律、文化以及环境等因素
	4. 研究：能够基于科学原理并采用科学方法对复杂工程问题进行研究，包括设计实验、分析与解释数据、并通过信息综合得到合理有效的结论
	5. 使用现代工具：能够针对复杂工程问题，开发、选择与使用恰当的技术、资源、现代工程工具和信息技术工具，包括对复杂工程问题的预测与模拟，并能够理解其局限性
	6. 工程与社会：能够基于工程相关背景知识进行合理分析，评价专业工程实践和复杂工程问题解决方案对社会、健康、安全、法律以及文化的影响，并理解应承担的责任
	7. 环境和可持续发展：能够理解和评价针对复杂工程问题的工程实践对环境、社会可持续发展的影响
	8. 职业规范：具有人文社会科学素养、社会责任感，能够在工程实践中理解并遵守工程职业道德和规范，履行责任
	9. 个人和团队：能够在多学科背景下的团队中承担个体、团队成员以及负责人的角色
	10. 沟通：能够就复杂工程问题与业界同行及社会公众进行有效沟通和交流，包括撰写报告和设计文稿、陈述发言、清晰表达或回应指令；并具备一定的国际视野，能够在跨文化背景下进行沟通和交流
	11. 项目管理：理解并掌握工程管理原理与经济决策方法，并能在多学科环境中应用
	12. 终身学习：具有自主学习和终身学习的意识，有不断学习和适应发展的能力

续表

标准	观测指标
持续改进	1. 建立教学过程质量监控机制,各主要教学环节有明确的质量要求,定期开展课程体系设置和课程质量评价;建立毕业要求达成情况评价机制,定期开展毕业要求达成情况评价
	2. 建立毕业生跟踪反馈机制以及有高等教育系统以外有关各方参与的社会评价机制,对培养目标的达成情况进行定期分析
	3. 能证明评价的结果被用于专业的持续改进
课程体系	1. 与本专业毕业要求相适应的数学与自然科学类课程(至少占总学分的15%)
	2. 符合本专业毕业要求的工程基础类课程、专业基础类课程与专业类课程(至少占总学分的30%);工程基础类课程和专业基础类课程能体现数学和自然科学在本专业应用能力培养,专业类课程能体现系统设计和实现能力的培养
	3. 工程实践与毕业设计(论文)(至少占总学分的20%)。设置完善的实践教学体系,并与企业合作,开展实习、实训,培养学生的实践能力和创新能力;毕业设计(论文)选题要结合本专业的工程实际问题,培养学生的工程意识、协作精神以及综合应用所学知识解决实际问题的能力;对毕业设计(论文)的指导和考核有企业或行业专家参与
	4. 人文社会科学类通识教育课程(至少占总学分的15%),使学生在从事工程设计时能够考虑经济、环境、法律、伦理等各种制约因素
师资队伍	1. 教师数量能满足教学需要,结构合理,并有企业或行业专家作为兼职教师
	2. 教师具有足够的教学能力、专业水平、工程经验、沟通能力、职业发展能力,并且能够开展工程实践问题研究,参与学术交流;教师的工程背景应能满足专业教学的需要
	3. 教师有足够时间和精力投入到本科教学和学生指导中,并积极参与教学研究与改革
	4. 教师为学生提供指导、咨询、服务,并对学生职业生涯规划、职业从业教育有足够的指导
	5. 教师明确他们在教学质量提升过程中的责任,不断改进工作
支持条件	1. 教室、实验室及设备在数量和功能上满足教学需要,有良好的管理、维护和更新机制,使得学生能够方便地使用;与企业合作共建实习和实训基地,在教学过程中为学生提供参与工程实践的平台

续表

标准	观测指标
支持条件	2. 计算机、网络以及图书资料资源能够满足学生的学习以及教师的日常教学和科研所需,资源管理规范、共享程度高
	3. 教学经费有保证,总量能满足教学需要
	4. 学校能够有效地支持教师队伍建设,吸引与稳定合格的教师,并支持教师本身的专业发展,包括对青年教师的指导和培养
	5. 学校能够提供达成毕业要求所必需的基础设施,包括为学生的实践活动、创新活动提供有效支持
	6. 学校的教学管理与服务规范,能有效地支持专业毕业要求的达成

资料来源:中国工程教育专业认证协会官网

表 5-3　ABET 工程技术专业认证通用标准——副学士学位(2019—2020)

标准	观测指标
学生	1. 必须评价学生的表现,监督学生的进步,以促进学生学习的成功,毕业生达到专业的教育目标
	2. 必须告知学生有关课程和职业的事宜
	3. 必须制定并实施接受新生和转学生的政策,为其他学校开设的课程授予适当的学分,以代替在该校学习的课程,政策必须有执行程序,以确保并记录毕业的学生满足所有毕业要求
教育目标	1. 必须公布专业的教育目标,教育目标与学校的使命以及学校所属地域的需求以及标准一致
	2. 必须有一个成文的、系统化的、有效的程序,学校所属区域定期审查专业的教育目标,确保它们与学校使命,专业教学目标和相应标准保持一致
学习成果	1. 必须具有记录在案的学生学习成果,并具有记录程序和管理办法,有相应制度定期审查记录的学生学习成果
	2. 运用数学、科学、工程和技术的知识、技术、技能以及现代工具来解决适合该学科的实际工程技术问题的能力
	3. 能够通过适合该学科的系统、组件或程序的工程设计为明确定义的技术问题设计解决方案
	4. 在明确的技术和非技术环境中应用书面、口头方式进行交流表达的能力,以及识别和使用适当技术文献的能力

续表

标准	观测指标
学习成果	5. 能够进行标准测试、测量和实验,并分析和解释结果
	6. 作为技术团队成员有效运作的能力
持续改进	1. 必须定期使用适当的、有成文制度的流程来评价学习成果的实现程度
	2. 必须系统的利用这些评价的结果作为持续改进专业教学目标的依据,其他可用信息也可用于帮助持续改进
课程体系	1. 课程要求指定适用于工程技术的主题,但不限定课程,课程必须结合技术、专业和一般教育目标,以支持学生学习成效,为了区分专业的差异性,专业标准可以增加体现专业特殊性的课程
	2. 必须有数学课程,培养学生运用数学解决技术问题的能力,副学士学位课程必须包括适合学生学习和符合专业要求的应用代数和三角学
	3. 专业核心课程必须侧重于科学和工程的应用,以符合以下要求: (1)核心课程占总学分至少 1/3,但不超过所有课程总学分的 2/3; (2)包括一个核心课程的基础技术课程,为学生在课程后期日益复杂的技术学习做准备; (3)能够培养学生的实践能力; (4)适用于专业和学位级别的设计考虑因素,例如:工业和工程标准和规范、公共安全与卫生以及工程解决方案对个人、组织和社会的本地以及全球影响; (5)包含职业责任、道德责任的教育,教育学生尊重多样性,学习质量和持续改进相关的主题
	4. 物理和自然科学类课程的物理或自然科学内容必须适合该学科,并且必须包括实验实训课程
	5. 培养学生综合运用专业技术的能力,以及在解决问题时运用技术和非技术技能的能力
	6. 学生参与了符合授予学位要求的顶岗实习,由专业所属学院根据相关机构和程序评价认定学分
	7. 有为毕业生提供服务的专业建设咨询委员会定期审查专业的教育目标和课程体系,咨询委员会必须就毕业生正在准备的技术领域的现实问题和技术的未来发展方向提供建议

续表

标准	观测指标
教师	1. 每个专业教师必须具有与专业教学能力要求相一致的专业知识和教育背景
	2. 教师的能力必须通过诸如学历证书、专业证书和认证、专业经验或相关领域从业经历、持续专业发展证明、对专业的贡献的证明材料等来证明，教师的教学效果、沟通技巧以及与专业教学需要的其他因素也需要相关材料来证明
	3. 教师的知识和能力必须具有广度和深度，能够涵盖专业所有的课程领域，专业标准可以增加对于教师特殊性要求
	4. 从事专业教育教学活动的教师必须具有足够的数量，能够保持监督学生学习以及与学生互动的连续性、稳定性
	5. 教师必须有足够的责任和权力调整专业教育目标、学习成果和促进学生完成学业的学习计划
设备	1. 教室、办公室、实验室和相关设备必须足以支持学生的专业学习，并营造有利于学习的氛围
	2. 必须提供可访问的定期进行系统维护和升级的适合专业学习的现代化工具、设备、计算机资源和实验室，以满足学生专业学习需求促进学生学习成果
	3. 必须为学生提供适当指导，教会学生关于专业学习需要使用的工具、设备、计算机资源和实验室的方法和技能
	4. 图书馆的馆藏资源以及各种数据库资源必须足以支持学生和教师的学术和专业活动
行政支持	1. 学校领导和各相关行政机构必须确保专业质量的持续性
	2. 专业建设提供有足够的制度保障、财政支持和工作人员（行政和技术）等资源能够满足专业发展需求
	3. 专业发展可用的资源必须足以吸引、保留合格教师并满足合格教师的持续发展
	4. 专业发展可用的资源必须足以获取、维护适合该专业发展的基础设施和设备，并提供可以获得学习成果的环境

资料来源：ABET 官网

表 5-4　IEET 工程技术认证标准——副学士学位(TAC-AD2018)

认证标准	观测指标
教育目标	1. 具备公开且明确的教育目标,展现专业的功能与特色,且符合时代潮流和社会需求
	2. 说明教育目标与学校愿景、教育目标的关联性及形成的流程
	3. 说明课程设计如何达成教育目标
	4. 具备有效的评价方式以确保教育目标的达成
学生	1. 制定有配合达成教育目标合理可行的规章
	2. 制定有鼓励学生交流与学习的措施和方法
	3. 有如何能持续且有效执行学生的指导与评价的明确说明
教学成果与评价	1. 能够熟练使用特定领域工程实务所需的知识、技能和工具
	2. 确保执行标准作业程序,并执行、分析、解释与应用试验
	3. 参与沟通与团队合作的能力
	4. 确认、分析及解决工程实务技术问题的能力
	5. 认识时事议题,并培养持续学习的习惯和能力
	6. 理解和遵守职业道德,熟知社会责任和尊重多元观点
课程体系	1. 课程体系设计和内容与教育目标一致,且能透过毕业生成绩单分析,证明毕业生学习的课程应该至少包含数学和基础科学、专业和实务课程及通识课程等三类课程 (1)数学及基础科学课程能符合教育目标及工程实务技术需要 (2)培养学生技术专长和工程专业与实务课程的学分占毕业学分八分之三以上,其中包括①工程实务技术能力的综合训练和实习;②实训课程,五专至少 12 学分且总计不少于 432 小时(校外实训最多计 3 学分、108 小时),三专至少 6 学分且不少于 216 小时(校外实训最多计 2 学分、72 小时),二专至少 3 学分且不少于 108 小时(校外实训最多计 1 学分、36 小时) (3)通识课程需与专业课程平衡,并与教育目标一致
	2. 课程设计和教学符合毕业要求,并能培养学生将所学运用于实务技术的能力
教师	1. 有足够的专任教师人数
	2. 教师须参与课程目标的制定与执行
	3. 教师的专长应能涵盖其与相关领域所需的专业技能,至少半数教师须具备两年以上相关从业经历或乙级技术以上资格证书
	4. 教师与学生间的互动与辅导学生的成效
	5. 教师与行业交流的执行成效
	6. 教师专业持续成长的通道和激励措施
	7. 教师参与相关学术及专业组织的活动情况

续表

认证标准	观测指标
设备及空间	1. 能够促进师生的良性互动
	2. 能够营造一个有利于每个学生发展专业技术能力的环境
	3. 能够提供学生使用相关专业设备与工具的学习环境
	4. 能够提供足够的咨询设备供师生进行与教育目标相符合的教学活动
	5. 能够提供安全的学习空间、设备维护及管理制度
行政支持与经费	1. 能够提供足以确保专业质量和持续发展的行政支持和经费,并具备有效的领导和管理制度
	2. 能够提供足以支持教师专业成长的资源
	3. 能够提供足够的行政支援和技术支持
	4. 能够提供足够的经费支援教学、实验及实习设备的购买、保养与运转
领域认证标准	专业的课程与师资符合专业名称所指的领域,如果专业属于整合性领域,认证必须符合各相关领域的标准
持续改进成效	1. 持续确保学生在毕业时具备核心能力
	2. 持续确保课程与教学符合产业发展需求、产业对培养学生需掌握的工程实务技术能力要求
	3. 其他持续改善的机制和成果

资料来源:中华工程教育学会(IEET)官网

从以上 4 个专业认证的标准来分析,世界各地区不同学科类型的专业认证的思路和标准体系大体一致,评价要素中除了包含了师资队伍、实训场地和设备条件等硬性的输入质量要素,还包含课程体系的设计、课程内容和组织、课堂教学方法、课堂教学质量评价和保证机制以及课堂师生关系等以课程评价为中心的软性的过程质量要素,我国师范类专业的专业认证指标体系与其他 3 个相比更多的指标属于硬性的显性要素,而 ABET 更侧重于观测那些难以通过量化或直观的方式加以测定和把握的隐性要素❶。

❶ 赵坚,陈敬良,罗尧成. 上海高职院校新一轮专业评估指标体系设计的几点思考[J]. 上海教育评估研究,2015(3):5-8.

尽管我国没有针对高职教育毕业生设立副学士学位，境外的专业认证标准是针对发放副学士学位的专业的认证标准，可以说是一种高要求的标准，但是笔者认为制定高标准的高职专业认证标准可以促进高职教育人才供给侧的转型升级是我国高职教育质量保证行动议程中的重要举措。笔者通过将上述 4 种标准作为参考设计高职院校内部专业评价的通用基础标准（表 5-5），各大类专业评价的过程中可以依据专业类别特征和质量目标进行增补。

表 5-5　高职院校内部专业评价通用基础标准

标准	观测指标
学生	1. 有完善的学生学习指导、职业规划、就业指导、心理辅导等方面的措施并能有效实施
	2. 学生清楚明确知道专业相关的课程信息和毕业要求
	3. 有能够跟踪和评价学生学习情况的措施并能有效实施
	4. 学生的获奖情况
培养目标	1. 人才培养目标与学校所在区域行业企业发展需求的一致性
	2. 专业发展定位与学校发展定位的一致性
	3. 有制度定期评价培养目标的合理性并适当修正，审议和修订过程行业企业深度参与
毕业要求	1. 学生掌握的专业知识和技能能够解决专业领域实际复杂的问题，能够运用基本原理采用科学方法独立设计解决方案，并且能够通过实验、分析、调查等措施实施方案，并综合各方面信息进行总结
	2. 能够熟练使用与培养目标要求相一致的各类工具和技术，取得相应职业技能等级证书
	3. 对专业涉及的行业领域的职业道德规范熟知并能遵守
	4. 具有良好的沟通和表达能力，具有与他人和团队合作的能力，尊重观点的多样性，能够承担并完成团队任务中个人需要完成的职责
	5. 具有良好的书面表达能力，能够撰写解决复杂问题的报告和方案，并能向同行和客户清晰表达
	6. 具有自主学习和终身学习的意识和能力

续表

标准	观测指标
课程体系	1. 思想政治理论课、体育、军事课、心理健康教育等课程是必修公共基础课程,马克思主义理论类课程、党史国史、中华优秀传统文化、职业发展与就业指导、创新创业教育、信息技术、语文、数学、外语、健康教育、美育课程、职业素养等是必修课或限定选修课
	2. 专业课程思政化,弘扬劳动精神、劳模精神,教育引导学生崇尚劳动、尊重劳动
	3. 专业核心课程突出应用性和实践性,注重学生职业能力和职业精神的培养,核心课程 6~8 门
	4. 总学时数不低于 2500,鼓励学生自主学习,公共基础课程学时应当不少于总学时的 1/4;选修课教学时数占总学时的比例均应当不少于 10%;实践性教学学时原则上占总学时数 50%以上
	5. 促进书证融通,将职业技能等级标准有关内容及要求有机融入专业课程教学
师资队伍	1. 教师数量能满足教学需要,结构合理,包括年龄结构、学历结构、职称结构、双师比例
	2. 兼职教师队伍情况和实际授课情况,技能大师和产业教授参与教学的情况
	3. 教师的学历和经历背景能满足专业教学的需要,具有足够的教学能力、专业水平、工程经验、沟通能力、职业发展能力,并且能够开展工程实践问题研究,参与学术交流
	4. 有足够数量的教师为学生提供指导、咨询、服务,并对学生职业生涯规划、职业从业教育有足够的指导
	5. 教师与行业企业交流的成效
支持条件	1. 有足够的教室、实验实训室、校内实训基地和校外实训基地可以满足教学需要
	2. 计算机、网络以及图书资料资源能够满足学生的学习以及教师的日常教学和科研所需,资源管理规范、共享程度高
	3. 有足够的专业建设经费
	4. 有相关的制度、活动场所支持学生的创新创业活动
	5. 有教师专业持续成长的通道和激励措施
	6. 教学管理与服务制度规范

续表

标准	观测指标
持续改进	1. 有教学质量监控机制,定期开展课程质量评价,定期评价学生毕业要求达成情况
	2. 有保证课程体系和课程质量符合行业和企业需求的评价机制,持续保证学生毕业所需的核心能力符合产业发展需要
	3. 能够证明评价的结果被运用在专业的持续改进
就业竞争力	1. 学生半年后就业率和对口就业率
	2. 学生毕业后3年对口就业率和就业质量
	3. 学生的就业满意度
	4. 用人单位对毕业生的满意度和对顶岗实习的学生的满意度

注 品牌优势专业和不同大类的专业可以在此标准上增加相应的观测指标制定单独的评价标准。

对于师资队伍、教学仪器、实验实训设备等等这些显性的直观的要素在评价的时候应设置较低的权重,评价的重点指标应落实在难以用数字指标测量的隐性要素上,比如教学目标、学生学习情况与掌握的能力、课堂教学方法和效果、综合实训项目的成效等方面。专业内涵建设过程中即便是投入再多的经费,把实训室建得和工厂一模一样,没有优秀的教学方法和合理教学过程的设计与实施,一样很难培养出符合行业企业发展需要的高素质的技术技能人才,内涵建设成效主要还得通过隐性要素来体现。学生的就业满意度和用人单位对毕业生的满意度是对专业人才培养质量的最直接最客观的评价,收集、采纳回应学生和用人单位的反馈意见是不断提高专业人才培养质量的重点工作,是实现学生高质量就业的重要举措。

3. 评价程序

高职院校内部一次性同时对所有专业开展评价显然不符合实际情况,首先,新设专业不经过5~6年的教学实践根本无法衡量专业的教学质量。其次,专业评价需要耗费较多的人力、物力、财力,一次性同时开展所有专业的评价活动不利于正常教学活动的开展。内部专业评价作为质量保证体系的核心是一个长期的持续性常规工作,结合世界各国的经验不妨将评价周期设定为5年,与学校五年发展规划相结合，对不同学科的不同层次的专业分梯队进行评价，从品牌专业和优势专业开始，发挥他们的示范引领作用，5年为一个周期进行全覆盖的内部专业评价，一个周期结束之后对评价标准和方案进行审视和反思，对标准和方案不合理的地方进行调整使其不断完善，然后开展下一轮评价。

内部专业评价首先是二级学院对参评专业展开自评，结合评价标准撰写自评报告以及收集佐证资料。然后是学校相关职能部门组织建立的类似“专业建设委员会”的评审小组采用直接的、间接的、量化的、非量化的多种形式的评价方法进行考察。评审小组成员主要由一线教师构成，遵循同行评议的原则，教师代表里面可以聘请校外的相关领域的专职教师以保持评价活动的效度，各学校也可以根据自身情况在评审小组成员中增加在校学生代表。对于学校不便采集和难以采集的信息和数据如“就业竞争力”的数据，由学校委托的第三方评价机构负责收集和反馈。

内部专业评价的主要目的是实现持续改进，评审小组在考察过程中重点评价专业人才培养目标的规范性、适应性、科学性以及教学管理和持续改进制度实施的规范性和效果。评审小组的主要职责是考察二级学院在日常教育教学活动中是否通过定期的同行评议和学生评议这两种过程评价收集反映学生学习状况的信息、分析学生的想法和认知程度、把握学生技能的掌握程度、评价教学效果和诊断教学过程中出现的问题，考查教师是否不断地进行授课内容和教学方法的调整以提高教学质量、激发学生的创新能力、锻炼学生的思维能力、培养学生自主学习和终生学习意识。

4. 评价结果运用

构建评价结果的反馈机制是保证持续改进的关键，通过什么渠道、面向什么群体、在什么时间节点进行反馈、反馈哪些内容都需要进行约定和明确。反馈的原则是帮助评价对象改进，所以关于评价对象的心理承受问题和隐私保护问题都是学校必须思考和解决的问题。学校需要建立专业诊断与改进的信息化管理平台，一是可以长期保留评价痕迹且便于查找，长期且综合的数据库可以生成对比数据，有利于评价结论的生成以及改进情况的跟踪；二是信息化管理可以根据用户群体进行区分,通过权限设置有利于个人隐私的保护和评价结论的针对性发布。学校通过内部专业评价,对质量建设不理想的专业需及时进行警告并重点跟踪改进情况,对改进成效不理想的专业考虑停止招生或者停办,并根据学校相关管理办法对专业负责人和相关责任人进行惩处。

第六章　课程层面的质量保证与评价

课程设计与实施是达成专业的人才培养目标的重要手段。课程目标确定了课程的基本价值取向，课程评价则是基于课程目标的价值引导的构想，透过建构及分配信息，引导内容设计、教学行为与学习活动。课程目标决定了课程评价标准、内容、方式的设计和选择，而课程评价则为课程目标的达成程度提供了基本的价值判断，并成为教育教学及学生学习改进的基础。[1] 课程质量保证就是保证课程目标与专业人才培养目标的一致性、课程实施的高效性以及课程评价的科学性。

第一节　课程层面质量保证的内容

一、课程设计

在互联网已经普及的信息时代，知识的学习已经打破了时间和空间的束缚，个体可以在任意时间、任意地点进行学习，而且方式多样，可以阅读文字，也可以收听语音，还可以观看视频。互联网里面各种免费的、收费的资源几乎涵盖了所有学科，除了各国认为是对社会有害以及需要保密的内容。那么人们为什么愿意花钱到学校进行相关专业的学习？除了获得一纸文凭之外，还有没有其他原因？笔者认为，走进学校进行某一专业的系统教育，是最高效和最经济的选择，绝大多数个体都缺乏长期独立学习的自主性，需要外界的监督，而且在

[1] 吴凡．我国研究型大学课程目标与课程评价问题研究——基于“985 工程”高校大学生学习经验调查[J]．中国高教研究，2017(10)：98-102.

杂乱的知识中寻找、甄别自己需要的知识本身就是一件消耗时间和精力的事情，再加上在学校学习，与同学和教师之间的情感交流是自学无法取代的，所以课程教学满足了个体学习的内在需求。课堂教学内容和教学方式的合适选取是吸引学生学习和保证学习质量的重点。课程设计就是保证课程教学魅力、质量的基础。

课程设计指通过需求分析确定课程目标，根据课程目标选择一个学科或多学科的教学内容和相关教学活动，通过计划、组织、实施、评价、调整，以最终达到课程目标的整个工作过程。[1] 课程设计的程序包括课程目标设计、课程教学内容和方法设计、课堂管理与学习成果评价设计，课程设计的内容包括课程标准、授课计划、教案、考核内容。

1. 课程目标设计

课程设计首先是要以专业的人才培养目标为指导明确课程的教学目标。公共课程、专业基础课程、专业核心课程、专业实训课程以及毕业设计组成专业的课程体系，它们都有其独特的功能。在设计的过程中，课程负责人需要思考课程在专业课程体系中的作用，以及与其他课程之间的关系。公共课程包括公共基础课程和公共选修课程，这类课程属于通识教育课程，通识教育课程主要目标是培养学生的社会能力以及文化传承，教会学生独立思考和批判性思维能力、与他人有效沟通的书面和口头表达能力、团队合作能力、尊重多样性跨文化交流、伦理道德规范、思考自己作为公民和家庭成员以及职工的责任和义务等。专业基础课程包括专业基础必修课和专业基础选修课，这类课程的目的是让学生对所学专业和专业所涉及的行业及工作能够有充分的认知，为专业核心课程的学习奠定基础。专业核心课程和专业实训课程则是对学生的知识能力和方法能力的全面提升教育，注重学生职业能力和职业精神的培养。毕业设计课程是对学生专业知识、专业技能和沟通表达能力等综合能力全面考察的课程，培养学生能够使用专业的原理和方法设计专业领域实际复杂问题的解决方案并

---

[1] 刘献君．论大学课程设计[J]．高等教育研究，2018(3)：51-57.

解决问题以及向他人表达自己的想法和解决结果的能力。

2. 课程教学内容与方法设计

课程设计其次是进行教学内容和方法的设计。只有学生愿意学、主动学，教学才能有效果，激发学生的主动性是关键。课程教学内容的适当选取是激发学生主动性、吸引学生认真听课的保证举措之一，如果教师课堂所讲内容可以通过教材直接获取或者通过网络很轻松就能获取，就很难调动学生学习的兴趣。教师需要具备了解学生学习状况和需求的能力，也就是对于学生输入质量评价的能力，结合课程教学目标选择内容适宜的、难度适当的教学内容，帮助学生明确课程学习目标，提高学生课程学习主动性。

使用适当的教学方法是激发学生学习主动性的另一项保证举措，教学方法有课堂讲授、师生互动、考试作业等形式。从“教师教”转变为“学生学”是教育教学活动发展的趋势，“教师教”在实际教学活动中最容易操作，但是教学效果并不理想，“学生学”是现代教学活动的一种理想状态，对教师的能力要求和学生的整体素质要求都比较高。完全意义上的“以学生为中心”的课程教学很难实现，所以现代的教学对教师的能力提出了非常高的要求，教学不仅仅是技术，更是艺术。一门课程的教授需要使用多种教学方法，教师需要根据学生的状态灵活使用讲授、翻转课堂、小作业测试、大作业考核等方法对不同的教学内容进行教学，同时需要加强课堂和课后的师生交流互动确保学生对知识的掌握程度和课程目标的达成度。教师采用不同教学方法教学的过程中教师角色也随即变化，从主导者变成了引导者、合作者、发现者，教师在教学过程中需要充分发挥相应角色作用，发现学生的优势与不足，引导学生自我认知提高学习主动性，在课堂内外的交流互动中教学相长。

3. 课堂管理与学习成果评价设计

课程设计的最后环节就是课堂管理与学习成果评价设计。课堂管理与学习成果评价设计要与课程教学内容和方法设计结合起来，课堂管理的主要目的是提高学生上课的效率和出勤率。学习成果评价设计是指课程的考核方式的设计。教师在教案中设置课堂提问的内容进行随机点名以及课堂作业进行全体点名,通过这些途径提高学生的出勤率,同时提问和课堂小测验还可以帮助教师了解学生学习的掌握程度。卷面考试是最普遍最传统的考核方式,“以学生为中心”的教学理念鼓励采用多样化的考核方式评价学生学习成果,现代的考核评价要求综合运用平时表现、课堂小测验、课后作业、学生上台讲课、论文(作品)、卷面考试、实践操作技能考试等多种方式,重点是教学过程考核,注重形成性评价。课程考核如果采用卷面考试作为主要考核方式,考试内容应减少记忆性知识的考查,重点考查学生综合运用知识解决实际问题的能力。

二、课程实施

课程实施是实现专业教学目标的具体体现,是课程层面质量保证的关键。课程实施并不是简单的课程设计执行,课程设计不能将所有因素都事先考虑周全,很多问题只有在实施过程才会被发现,课程实施是一个动态的过程,是一个变化和创新的过程。除了课程设计自身的问题,课程在实施过程中内部与外部环境的差异会导致课程教学的巨大差异,不同的教师、不同的学生执行同样的课程设计会产生不同的教学效果,同一个教师、同一批学生在不同的教学环境和实践环境下执行同样的课程设计也会产生不同的教学效果。课程实施的主体以及课程实施的环境构成的主客观因素发挥综合作用才能保证课程实施的质量,保证课程实施的高效性即保证课程教学目标的实现就是要消除主客观不同因素对于质量的影响。

1. 保证影响课程实施的主观因素

课程实施的主体是课程实施质量的主要影响因素,教师作为主要实施主体起关键作用。一是要保证发挥教师个体的主体性作用,教师个体的学历背景、工作经历以及教学能力存在差异,在通过各种培训缩小教师教学能力的同时需要调动教师个体的主观能动性。教师在课程实施的过程中根据实际情况可以对授课计划和教案内容做出调整,调整必须以保证学生学习成果符合课程教学目标为前提,教师发挥主体性作用且不降低教学质量的课程实施是值得鼓励和保护的行为,二级学院需要配套相应的评价制度去衡量课程实施的效果。二是要保证教师在课程实施中的高投入的持续性,构建激励机制以鼓励教师在课程实施过程中的创新和高质量的教学。

2. 保证影响课程实施的客观因素

保证影响课程实施的客观因素即为课程有效实施提供足够的物质、经费、制度保障。一是要保证充足的经费足够日常教学使用以及实验实训设备的正常运行和维护。二是要保证充足的教学资源,如足够多的校内外实训基地满足课程实施的需要。美国密苏里大学新闻学院人才培养的高质量就在于优质的实践支撑体系,密苏里大学新闻学院拥有真正的报纸和电台、电视台,学习就是人生的第一份工作经验❶。

三、课程评价

课程评价是对课程设计所体现的教学目标与专业的人才培养目标的一致性和课程实施是否达成课程设计目标的评价,为重新进行课程设计、调整课程实施提供依据,是课程质量保证的核心。

针对不同类型的课程明确"评什么""怎么评",通过机制创新和制度保证确定课程目标与专业的人才培养目标的匹配度和支持度是课程评价的基础和方向。通过对课程全过程的质量监测评价,激发学生学习的主动性和教师参与课改的积极性,提高课程教学质量是课程评价的主要目标。课程评价的实施过程中必须保证评价主体的独立性,坚持同行评议的原则,从一线教师中选择合适的人员参与评价,而不是由行政管理部门负责评价,只有保持课程管理和课程评价人员相对的独立性才能够保证课程评价的公正性。课程评价的目的也是促进质量的持续改进,必须保证评价结果的有效反馈。专业因为人才培养周期长所以评价的周期较长,而课程的实施周期较短,及时的评价和反馈有助于课程质量的提高。

---

❶ 严三九,南瑞琴. 一流学科建设的制度研究——以美国哥伦比亚大学新闻学院和密苏里大学新闻学院的学科制度变革为例[J]. 华东师范大学学报(教育科学版),2017(6):95-106,156.

第二节　课程层面的质量保证体系

一、保证体制

高职院校内部的课程层面的质量管理也分为学校层面的宏观管理和二级学院层面的微观管理。学校层面通过组建课程建设委员会对全校的课程进行统筹管理，教务处负责具体实施。二级学院对具体的单个课程进行监督和评价。

1. 宏观质量管理

课程建设指导委员会负责对课程管理、课程质量和教学改革的重大事项进行决策，对课程质量管理制度的制定与修订进行审议，制定、优化课程设计和课程实施的方案，对课程实施过程中的重大问题进行分析并向校领导提供决策咨询。

教务处是具体负责课程管理的部门，在课程质量保证体系中发挥指挥、服务和协调作用。教务处下设的专业与课程建设办公室对课程层面的质量保证全面负责并实施全面管理：收集分析学校在课程建设过程中存在的问题，向课程建设指导委员会提供信息；设计、调整课程层面的质量保证方案；指导二级学院课程层面质量保证工作的开展；组织和实施课程质量评价。

2. 微观质量管理

二级学院院长对学院开设的专业课程的质量保证工作进行总指挥，对学院所开设课程的质量实施全面管理，组织好课程设计工作，定期组织校内外同行、企业专家对课程设计进行评价，监督课程实施的各质量环节。

教研室是课程层面质量保证的具体执行单位，在二级学院院长领导下，负责课程设计，组织审核、评价课程设计的目标和内容的适切性以及课程实施的有效性。

二、保证机制

1. 课程设计常规化

课程设计是一项常规工作，需要适应高职教育自身发展要求和外部环境需求定期实施。高职院校的专业课程具有很强的岗位适应性，在国家示范性高职院校建设和国家骨干高职院校建设期间，各校都基于工学结合的理念进行课改，将教学过程与工作过程相结合，根据典型工作岗位、典型工作任务对课程教学目标和教学内容进行设计。互联网的发展使知识的传递和更新速度加快，产业和行业由于知识和技术的进步其发展速度也在加快，原有岗位的任务在变化，新的岗位也不断涌现。所以专业的人才培养目标、课程目标都是动态变化发展的，需要定期更新课程设计以适应外部环境的变化。与此同时，新时代对于专业课程融入思想政治元素的新要求也要求各学校重新进行课程设计，将爱岗敬业、职业道德、工匠精神融入课程教学内容之中。为强化学生技能训练和学习，课程教学内容需要融入职业技能资格证书标准和技能训练要求，这些新要求也需要学校定期更新课程设计的内容。

2. 开发“顶点课程”

社会对于毕业生的岗位适应能力和可迁移能力要求日益提高，要求毕业生具备知识综合运用和解决复杂实际问题的能力，学校需要持续开发新课程回应社会需求，新课程注重对学生专业知识和技能综合运用的能力的训练。“顶点课程”(capstone course)的开发设计是专业课程质量保证的重点工作。“顶点课程”是培养学生发现问题、综合运用知识设计和解决问题、总结和表达问题解决方案和成果以及锻炼批判性思维能力的综合课程。“顶点课程”的设计是结合企业家精神和专业要素进行课程设计，是以企业家、未来创业的视角设计课程内容和教学训练模式，将创业思维、面向市场的设计和商业战略与工程课题设计相结合[1]。目前国内不少高职院校开设有类似“顶点课程”的课程，笔者所在

---

[1] 王亚盛．高职专业整合性课程设计的评价标准研究[J]．中国职业技术教育，2018(35)：63-68.

学校开设有类似课程称之为“项目综合实训”，这类课程通常安排在大二的第二学期和大三的第一学期，在学生进行顶岗实习之前开设。专业负责人、课程负责人在进行此类课程设计的过程中，可能会发现需要学生掌握其他专业或者相近专业的知识和技能，在课程体系设计的过程中需要增加相应的课程以便学生进行知识、技能的学习和训练，从而确保“顶点课程”的实施质量。

3. 完善课程的评价机制

课程评价包括课程设计评价和课程实施评价。评价课程设计是一项重要的课程层面的质量保证工作，在实际的教学管理与运行过程中，高职院校在这方面工作可以说不够重视。以笔者所在单位为例，学校对课程负责人的资格标准没有明确要求，对课程目标与专业的人才培养目标的适切性评价缺少判断标准，对课程教学内容即课程标准、授课计划、教案以及所选教材之间的匹配度和课程教学是否能够实现教学目标缺少评价标准。尽管学校开发了课程管理系统，课程负责人需要定期修改课程标准、授课计划、教案以及重新选定教材，然后报专业负责人、二级学院领导和教务处逐层审批，但是目前的管理只是做到程序规范，并没有对课程的内容和课程管理的核心即课程评价制度的完善和具体实施进行规范。构建课程设计的评价机制和多渠道收集课程实施的反馈意见是二级学院作为课程管理主体的重点工作，是课程层面质量保证的基础工作。课程实施评价是确保课程实施高效实现专业人才教育目标的重要机制保障。

4. 完善支持条件保障机制

首先，课程层面的质量保证是对人力资源的保证。高职院校教师的主要职责是授课，而课程设计是授课的基础工作，课程实施是授课的具体行为，教师是课程设计和实施的主体，是课程层面质量保证的主要因素。课程层面的质量保证需要保证教师具备相应的资质进行课程设计，每一个教师都有参与课程设计的权力，但并不是每一个教师都可以成为课程负责人并负责课程设计，专业课程的课程负责人不仅仅需要具备丰富的教学经验，还需要丰富的企业实践经验。在保证课程负责人资质的同时，还需要保证授课教师的资质，确保授课教师具备相应的能力,能够胜任教学任务。其次,课程层面的质量保证是对物质和经济条件的保证。高职教育的人才培养目标侧重应用性,课程实施过程中需要使用各种教学仪器和设备供教师演示和学生学习演练使用,需要保证充足的经费用以建设实验实训场所,购买和维护设备。最后,课程层面的质量保证是对保证机制运行的制度保障。需要完善课程实施评价制度、维持教师高投入的激励制度、提高教师的教学能力和方法的教师培训制度、课程管理制度(包括课程负责人资格条件、任课教师资格条件)等。

第三节　课程层面的质量评价体系

一、课程评价的发展趋势

1.“管”“评”分离

过去高职院校课程管理和评价的主体基本都是教学主管部门教务处,现在国家要求学校构建内部质量保证体系的大环境之下,很多学校成立了质量监督与控制办公室、质量办公室、质量监督与评估处等类似的机构,呈现出管和评分离的趋势,一定程度上可以避免评价活动服务于管理便利的倾向,因为评价活动的有效性依赖于评价主体做出客观、公正的价值判断,而进行客观、公正的价值判断的前提是评价主体对评价活动不存在任何价值预设,评价主体独立、中立、自主的参与评价活动。[1]

2. 兼顾“教师教”与“学生学”

过去我们的课程评价基本就是评价教师教的怎么样。惯性思维是只要教师教得好,学生就能学得好。这种思维目前在各级教育评价中都广泛存在,在实际生活中经常可以听到“某某学校老师水平高”“某某辅导中心老师讲的好”

[1] 赵春鱼. 高校课程质量评价存在的问题及其改进——基于全国49所高校的现状调查[J]. 教育发展研究,2016(23):44-51,79.

诸如此类的评论。学生参与学习情况包括时间和精力的投入在更大程度上决定了学习的质量，教师是学习的引导者，真正的学习者是学生，学生学到什么取决于学生花了多少时间、用了什么方法进行了学习。资质聪慧善于学习的学生及时没有教师教一样可以学有所成。教学质量是“教师教”和“学生学”综合的结果，所以教学质量评价除了评价教师教的怎么样，还要评价学生课堂学习的投入情况，教师是否在课程教学的过程中激发学生学习的主动性。

3. 全面评价

过去课程评价重视对课程实施情况进行评价，对课程设计环节的评价不够重视，对课程目标与专业人才培养目标的一致性、课程标准、授课计划、教案是否能够支撑课程目标的评价不足。内部质量保证视域下课程设计评价是学校质量管理活动中必须具备的环节，课程目标的适切性是保证专业人才培养质量的基础。学校在进行课程实施评价之前对课程设计进行评价应像组织开展学生评教一样成为常规工作。二级学院在课程设计评价和课程实施评价的全过程中应该是主要组织者和实施者，学校在制度层面进行指导和监督。

4. 评价的标准多元化

高职的课程种类比较多，过去我们在课程评价的过程中评价标准基本一致，直到现在，评价标准也基本一致。从学生评教指标来分析，所有课程包括公共课、选修课、专业理论课、专业实践课的评价指标都是一样的。不同课程的课程目标和功能定位是不一样的，课程教学方法也不一样，所以采用统一的评价标准显然不科学，根据不同类型的课程设计不同的评价标准是提高评价活动科学性和可信度的必然要求。公共课程的目标是锻炼学生的思辨能力和人际交流等社会能力，评价这类课程应考查学生通过学习这两方面能力是否提升。专业课程主要教授学生专业能力和方法能力，在评价这类课程学生学习质量时要区别于公共课程使用不同的观测指标。实践类课程则重点考察学生的技能运用情况。

二、课程评价的原则

1. 评价标准可实施、可观测

课程是人才培养的核心要素,教育部提出的建设"金课"计划使课程建设成为全国各校重中之重的工作。"金课"有什么特征、怎么判断是不是"金课"都需要评价标准。课程实施效果评价一直以来都是各个学校的常规工作,但是评价标准和程序鲜有学校研究。尽管过去国家制定有精品课程的评价标准,随着技术的进步和教学范式的转变,卓越的课程质量标准本身也在变化,所以制定科学的评价标准和评价程序是课程评价的基础。一所学校每学期开设的课程都上千门,评价程序实施应便捷,不能烦琐,评价标准应能形成可量化、可检测、可评价的"硬杠杠"和"硬指标",这样才能提升评价活动的可操作性以及信度、效度。

2. 重视学生学习成果评价

课程质量是"教师教"和"学生学"两方面因素综合作用的结果。在实际的教学管理活动中常有教师以"教师上课激情洋溢、学生上课销声匿迹"作为不认真上课的借口,尤其是在高职院校,相当多的教师认为学生基础差、不热爱学习,即便教师再努力也是徒劳,这样的态度肯定不能保证课程的教学质量,更加不能保证人才培养的质量。学生学习成果好课程质量一定高,课程实施质量评价应能够体现对学生学习成果以及教师在课堂教学过程中是否激发学生学习热情的评价,减少对教师标准化教学行为的评价权重。

3. 分类评价和多元评价相结合

课程评价包括课程设计评价和课程实施评价,课程又分多种类型,不同课程类型的评价应采用不同的评价方式,由不同的主体参与评价,才能提高评价的科学性。课程设计评价可以采用同行评价和专家评价,课程实施评价可以采用教师自评、同行评价、专家评价、学生评价的综合方式进行。公共课程、专业基础课程、专业核心课程采用不同的评价标准。

4. 促进持续改进

课程评价的主要目的不是鉴定，是持续改进质量，对不符合市场需求的课程进行清退以及开发新的课程，课程设计评价的结论就是我们进行课程清退的依据。课程实施评价的作用就在于提高已开课程的质量。学术界总结一流大学课程教学时，总结出大学课堂教学的五重境界，即 silence，answer，dialogue，critical，debate。针对高职学生的特点，高职院校通过实施课程评价并使用恰当的方式进行反馈，促进教师不断改进课堂教学，使课堂教学呈现出 silence 和 answer 的现象越来越少，而 dialogue 和 critical 的课堂越来越多，在卓越的质量观引领下，尝试开设 debate 课堂。

三、课程评价体系的构建

1. 评价标准设计

制定合理的评价标准是保证评价活动科学和有信服力的基础。高职的课程类型众多，对每一类课程都设计针对性的评价标准以及实施不同的评价程序是一件比较困难的工作，而且评价活动本身也是一件容易造成教职工抵触情绪的工作，所以学校构建课程评体系需要坚持分类原则，也要坚持易实施的原则，可以将课程进一步分类或者从核心课程开始，在尝试进行常态化的课程评价活动数年后，在教职工的质量意识提升、质量文化初步形成以后再将工作精细化。

笔者认为在建设课程评价体系的初期，可以在课程设计评价的环节中将公共课程和专业课程采用不同的评价标准，而课程实施的环节中可以将公共课程和专业基础课程使用一个通用评教标准，专业核心课程、“顶点课程”、毕业设计分开单独评价并使用不同的评价标准。评价毕业设计质量是对一个学生经过几年学习各方面能力进行评价最直接和最简单的途径，高职院校在高等教育普及化的阶段是没有选择学生的权力的，学生的输入质量基本无从把关，所以学校和政府必须坚守出口关，毕业设计一直以来都是政府的教育主管部门最关注的内容，江苏省一直将毕业设计抽检审查作为监督高职院校人才培养质量的主要方式之一。毕业设计以外的其他课程评价需要将教师教学和学生学习综合评价来衡量教学质量,需要学生参与课程评价来实现,所以在评价过程中需要收集学生的反馈意见,可以设计学生学习情况调查表并与常规的学生评教进行综合判断。课程设计评价标准(表 6-1、表 6-2)、课程实施通用评价标准(公共课程和专业基础课程使用)(表 6-3)、课程实施评价标准(专业核心课程使用)(表 6-4)、顶点课程实施评价标准(表 6-5)、毕业设计评价标准(表 6-6)、学生课程学习情况调查表(表 6-7)、学生评教表(表 6-8)如下:

表 6-1 课程设计评价标准(公共课程使用)

维度	观测指标	权重
适合度	1. 有国家相关标准作参考依据,符合人才培养目标需要	15
	2. 体现新政策文件要求	
内容科学合理	1. 理论与实践相结合	20
	2. 体现能力本位的课程开发原则	
	3. 涵盖了国家相关标准要求的知识点和技能点	
支撑度	1. 教材选择合适	65
	2. 有合适的教学方法的设计	
	3. 有确保课程实施的教学资源的保证说明	
	4. 有合适的考核方式和考核内容	
	5. 有鉴定学生知识和技能掌握的评价标准	
创新性	其他创新点	

表 6-2 课程设计评价标准(专业课程使用)

维度	观测指标	权重
适合度	1. 专业课程有行业咨询,目标定位清晰,符合行业发展需要,与专业的人才培养目标一致,有岗位标准和能力标准作参考依据	20
	2. 体现行业要求的职工具备的新知识、新技能	
内容科学合理	1. 理论与实践相结合	40
	2. 体现能力本位的课程开发原则	
	3. 涵盖了岗位标准和能力标准要求的知识点和技能点	
	4. 有涵盖职业道德、职业精神的教育内容	
	5. 有与目标岗位对应的技能等级证书学习的内容和相关证书的学习依据说明	

续表

维度	观测指标	权重
支撑度	1. 教材选择合适	40
	2. 有合适的教学方法的设计	
	3. 有确保课程实施的教学资源的保证说明	
	4. 有合适的考核方式和考核内容	
	5. 有鉴定学生知识和技能掌握的评价标准	
创新性	其他创新点	

表 6-3　课程实施通用评价标准(公共课程和专业基础课程使用)

维度	观测指标	权重	参考依据
教学态度	1. 教师授课认真,不迟到早退,不随意调课	5	调停课记录、学生评教结果
	2. 教师能够及时对学生迟到、上课说话和睡觉、私自使用教学仪器设备等扰乱课堂的行为进行管理和教育		学生评教结果
教学准备	1. 教师上课前做好所有教学准备	5	学生评教结果
	2. 教师课堂教学准备充分,应对突发事件能够及时处理		学生评教结果
教学内容与设计	1. 教师对课程的学习目标进行了详细说明	35	学生课程学习情况调查表
	2. 教案内容详细且与课程标准一致、PPT 精美且内容丰富		课程标准、教案、PPT
	3. 及时进行课堂评价,判断学生的学习情况,授课进度的调整情况		教学后记、学生作业
	4. 教学内容对学生有吸引力		学生评教结果、学生课程学习情况调查表
	5. 教学内容融入了思政元素		教案、PPT
	6. 教学内容融入了职教理念,体现了工学结合、行动导向、能力本位等职教理念		教案、PPT

续表

维度	观测指标	权重	参考依据
教学方法	1. 教师能使用不同的教学方法、能够照顾多数学生的学习进度	35	学生评教结果、学生课程学习情况调查表
	2. 教师能够熟练使用各种教学仪器或者采用合适的教学内容和方法(如虚拟仿真技术)能够将知识点直观地展示给学生,便于学生理解和学习		学生评教结果、学生课程学习情况调查表
	3. 教师能够将翻转课堂教学、行为追踪等教育技术融入课程教学		教案、学生评教结果、学生课程学习情况调查表
	4. 课堂评价方式合理,过程评价有效促进学生学习		教案、教师课堂评价记录表
	5. 课程考核方式合理,能够体现课程教学目标		课程考核设计、学生评教结果、学生课程学习情况调查表
教学效果	1. 学生掌握了课程学习内容	20	课程学习成绩、课程考核的提交的试卷(报告、作品等)、学生课程学习情况调查表
	2. 教师的授课内容和方法激发了学生学习的热情,促进了思考		学生课程学习情况调查表
	3. 学生学会了相关学习方法和技能		课程学习成绩、课程考核所提交的试卷(报告、作品等)
	4. 学生的课堂参与度高,课后进行相关知识的自主学习		SPOC 课程的学习情况、学生课程学习情况调查表

注 授课教室如果是结合大数据和人工智能技术改造的智慧教室,评价过程中可以使用智慧教室记录的相关数据作为诊断依据。

表 6-4 课程实施评价标准(专业核心课程使用)

维度	观测指标	权重	参考依据
教学态度	1. 教师授课认真,不迟到早退,不随意调课	5	调停课记录、学生评教结果
	2. 教师能够及时对学生迟到、上课说话和睡觉、私自使用教学仪器设备等扰乱课堂的行为进行管理和教育		学生评教结果

续表

维度	观测指标	权重	参考依据
教学准备	1. 教师上课前做好所有教学准备	5	学生评教结果
	2. 教师课堂教学准备充分,应对突发事件能够及时处理		学生评教结果
教学内容与设计	1. 教师对课程的学习目标进行了详细说明,对课程需要学习的技能进行了详细说明	40	学生课程学习情况调查表
	2. 教案内容详细且与课程标准一致、PPT 精美且内容丰富		课程标准、教案、PPT
	3. 及时进行课堂评价,判断学生的学习情况,授课进度的调整情况		教学后记、学生作业
	4. 教学内容对学生有吸引力		学生评教结果、学生课程学习情况调查表
	5. 教学内容融入了思政元素		教案、PPT
	6. 教学内容融入了职教理念,体现了工学结合、行动导向、能力本位等职教理念		教案、PPT
	7. 教学内容融入了职业精神和职业道德规范的教育		教案、PPT
	8. 教学内容融入了相关技能等级证书考试的要素		教案、PPT
	9. 教学内容中包含能够促进学生互助合作的项目设计		教案、PPT
	10. 教学内容能够体现技能比赛的要求和内容		教案、PPT
教学方法	1. 教师能使用不同的教学方法、能够照顾多数学生的学习进度	30	学生评教结果、学生课程学习情况调查表
	2. 教师能够熟练使用各种教学仪器或者采用合适的教学内容和方法(如虚拟仿真技术)能够将知识点直观地展示给学生,便于学生理解和学习		学生评教结果、学生课程学习情况调查表
	3. 教师能够将翻转课堂教学、行为追踪等教育技术融入课程教学		教案、学生评教结果、学生课程学习情况调查表
	4. 课堂评价方式合理,过程评价有效促进学生学习		教案、教师课堂评价记录表
	5. 课程考核方式合理,能够体现课程教学目标		课程考核设计、学生评教结果、学生课程学习情况调查表

续表

维度	观测指标	权重	参考依据
教学效果	1. 学生掌握了课程学习内容	20	课程学习成绩、课程考核的提交的试卷(报告、作品等)、学生课程学习情况调查表
	2. 教师的授课内容和方法激发了学生学习的热情,促进了思考		学生课程学习情况调查表
	3. 学生学会了相关学习方法和技能		课程学习成绩、课程考核所提交的试卷(报告、作品等)
	4. 学生的课堂参与度高,课后进行相关知识的自主学习		SPOC 课程的学习情况、学生课程学习情况调查表

注 授课教室如果是结合大数据和人工智能技术改造的智慧教室,评价过程中可以使用智慧教室记录的相关数据作为诊断依据。

表 6-5 顶点课程实施评价标准

维度	观测指标	权重	参考依据
课程目标	1. 是否解决一个与专业人才培养目标相关的真实的复杂的问题	10	学生的课程学习报告、记录
	2. 问题的解决是否需要具备和使用多种知识和技能		学生的课程学习报告、记录
学习成果	1. 学生制订了详细的书面实施计划,实施计划简明	30	学生的课程学习报告、记录
	2. 学生通过实施计划解决了问题并形成书面报告		学生的课程学习报告、记录
	3. 学生解决问题过程中撰写的论文被发表或者申请的相关专利或作品被企业使用		学生的课程学习报告、记录
专业知识	教师对相关专业知识进行了讲解,对需要补充的专业知识及时安排了教学	10	学生学习记录、学生课程学习情况调查表
专业技能	教师对相关专业技能进行了讲解和演练,对学生掌握进行了指导	10	学生学习记录、学生课程学习情况调查表

续表

维度	观测指标	权重	参考依据
综合能力	1. 学生团队合作交流的能力得到锻炼，每个学生在项目合作中有独立完成的子项目	10	学生学习记录、学生课程学习情况调查表
	2. 学生书面和口头表达能力得到锻炼		学生学习记录、学生课程学习情况调查表
教学方法	1. 教师能够熟练使用各种教学仪器或者采用合适的教学内容和方法（如虚拟仿真技术）能够将知识点直观地展示给学生，便于学生理解和学习	20	学生学习记录、学生课程学习情况调查表
	2. 教师能够引导学生进行交流、主动思考、主动自主学习		学生学习记录、学生课程学习情况调查表
实施保证	1. 有足够的指导教师担任课程的教学	10	教案
	2. 有企业专家担任指导教师参与课程教学		教案
	3. 有足够的经费和教学仪器设备支持教学活动，经费可以支付兼职教师的费用和购买实验耗材		教案

注　顶点课程学习为学生配备学习记录本，课程指导教师需要指导学生制订项目学习计划，定期跟踪项目进度，提出学习建议和记录学生学习情况。

表 6-6　毕业设计评价标准

维度	观测指标	权重	参考依据
语言和格式规范	1. 格式完整规范	10	毕业设计
	2. 书面语言使用规范，且无别字病句		
学术规范	1. 引用和注释规范，无抄袭，含引用重复率不超过 30%	20	毕业设计
	2. 使用学术语言		
	3. 数据基于实验或者引用，不杜撰数据		
内容和整体质量	1. 选题符合专业人才培养目标	10	毕业设计、专利申请和论文发表情况
	2. 逻辑清晰、结构合理		
	3. 毕业设计内容涉及的实际问题的解决方案和学习成果被使用的情况（专利申请和论文发表情况）		

续表

维度	观测指标	权重	参考依据
问题分析和解决方案设计	1. 分析问题思路清晰，方向正确	30	毕业设计
	2. 解决方案可行		
	3. 解决方案内容完整		
专业知识	正确运用相关专业知识，能够运用知识回答需要解决的问题	10	毕业设计和毕业答辩
专业技能	正确运用技术工具并模拟解决选题问题	10	毕业设计和毕业答辩
沟通表达	1. 能够将需要解决的问题的分析报告和解决方案进行清晰的汇报，汇报内容简洁、明了、美观	10	毕业答辩和汇报 PPT
	2. 能够运用专业术语回答疑问，清楚表达和回应		

表 6–7　学生课程学习情况调查表

问题	回答
1. 任课教师是否对课程学习目标进行了详细的说明，你知道对应的知识点的学习目的之间的关联	
2. 对课堂教学内容是否感兴趣，任课教师是否督促你进行学习	
3. 课堂气氛是否活跃，同学们听课积极，课堂内外同学们经常交流课堂学习内容	
4. 当你在课堂上提问时任课教师是否能及时回答	如果没有像任课教师提问过，该问题不用回答
5. 通过课程学习，你学会了哪些知识和技能	
6. 通过课程学习，你哪些能力得到了锻炼	
7. 课程学习中哪些知识你认为对以后工作最有用，哪些技能对以后工作和生活有帮助	
8. 你认为课程哪部分学习最有意思，大家学习热情比较高	
9. 你是否从图书馆借阅书籍或者通过 SPOC 课程学习与课程内容相关的知识	请列举书名和 SPOC 课程名称
10. 你对课程的建议	

表 6-8 学生评教表

维度	评价内容	权重
教学态度	1. 教师授课认真,不迟到早退,不随意调课	10
	2. 教师对学生迟到、上课说话、睡觉以及随意使用教学仪器设备及时管理和制止	
教学准备	1. 教师上课前做好教学准备,调试好教学使用的相关设备	10
	2. 教师课堂教学准备充分,应对突发事件能够及时处理	
教学内容与设计	1. 教师引导学生思考,拓宽学生视野,内容有吸引力	50
	2. 教学内容充实,能够联系之前所学习课程的内容	
	3. 教师授课思路清晰,表达清晰	
	4. 教学内容难度适当,知识点能够听懂,技能能够掌握	
	5. 课堂气氛活跃,教师促进学生之间交流有益于学习内容的理解	
教学方法	1. 教师教学方法灵活,能够照顾多数学生的学习进度	15
	2. 教师能够使用直观的教学仪器设备资源将教学内容生动的直观的展示和教授,有助于理解和学习	
	3. 考核方式合理	
教学效果	1. 学生掌握了课程学习内容	15
	2. 学生学会了相关学习方法和技能	
	3. 学生是否喜欢这门课程,希望学习更多与课程相关的内容	
自选问题	学校课程质量管理系统功能允许的情况下,任课教师可以自行设计 1~3 个最关心的开放性问题请学生回答,回答内容只有任课教师个人可以看到	

2. 评价程序

(1)课程设计评价。课程设计评价应成为一项常规工作。在每个学期的期末,各二级学院组织对学院下一个学期要开设的课程进行全面的课程设计的评价,一是评价新课程,二是促进老课程教学内容和教学方法的更新以及考核方式的优化。

教务处负责开发和维护课程管理平台,提供网络评审平台,制定课程评价制度,组织和监督二级学院开展评价工作。二级学院组织由具有高级职称的教师、外校同行和外聘企业兼职教师构成的评审小组对每一门课程进行课程评价。评价采用网评的方式由评价人员进入课程管理系统直接评价，需要文字说明的部分可以直接添加备注。

(2)课程实施评价。课程质量评价自身就是学校内部进行质量保证的途径，并没有外力的强制性要求，在构建课程层面的质量保证体系的初期，对每一门课程进行课程实施评价工作量巨大，如果全面开展只会造成被评价者和评价者的排斥和抵触。所以在课程实施评价的机制设计和操作的过程中笔者建议采取个人自主申请和抽查的方式进行。在职称评审的过程中，评审专家委员会需要对申报人的教学质量进行资格审核，对申报参评副教授的教师，需要审核其在取得中级职称以后是否获得两次及以上教学质量优秀，对申报参评正教授的教师，需要审核其在获得副高级职称以后是否获得3次及以上教学质量优秀，所以可以结合职称评审制度，规定需要晋升职称的教师必须申请参加课程实施评价，教师可以在其教授的若干课程中自主确定课程申请参加评价。另外各二级学院抽取一部分课程进行评价。教务处负责开发维护课程管理系统，对各二级学院组织实施评价活动进行监督，组织评审专家对评审课程采用抽查复核的方式进行把关以及对教师提出的评价环节有争议的地方进行仲裁。

教师个人选择一个年度两个学期所教课程中的任意一门课程申请参加评审，在课程管理系统中提交课程实施情况的自评报告。二级学院采用同行评价结合学生评价的综合评价方法，组织具有高级职称的教师、校内外同行组成的评审小组依据课程实施评价标准结合教师的自评报告、教案、学生作业(作品)、学生评教情况和学生课程学习情况调查表对课程实施情况进行评价。评价同样采用网评的方式，首先在每个学期结束前5周，由教师个人申请和二级学院抽查决定参加评价的课程，在课程结束之后，由二级学院教学质量管理人员通知学生对参评课程进行评价和填写调查表，告知学生调查表是匿名的，引导学生如实、详细地填写调查表，通知和组织评审专家进行网评。

(3)毕业设计评价。各二级学院完善毕业设计管理制度，评选优秀毕业设计上报学校，由教务处组织评选校内优秀毕业设计和遴选优秀毕业设计上报省教育厅。

教务处完善毕业设计抽检制度，每年随机抽取一定数量的毕业设计，组织校外同行进行评价。

（4）一般课程的实施评价。对于不参加课程实施评价的其他课程，采用学生评教、专家评价和二级学院领导评价的方式进行评价。学校课程管理系统功能支持的情况下，可以参考哈佛大学的做法，在课程即将结束开展学生评教之前，任课教师可以对自己教授的课程提出 1～3 个问题请学生评教的过程中作答，帮助教师进行自我改进。

3. 评价结果运用

评价的目的是改进，是提高课程质量，形成追求卓越的质量文化。为扩大教师参与课程实施评价的积极性，鼓励高职教师将更多的精力和时间投入到教学改革研究上，学校需要制定相应的评价结果运用的激励机制：一是督促课程教学效果不理想的教师改进教学质量；二是对教学改革中表现优异的教师进行及时奖励，奖励既包括物质层面的奖金的激励，也包括非物质层面的如同等条件下优先晋升职称的奖励。学校可以设置年度教学贡献奖对优秀教职工进行表彰，对教学质量优秀的教师颁发教书育人奖证书和相应奖金，对辅助教学和管理的优秀管理人员颁发教学管理奖证书和相应奖金。教学贡献奖的评选经个人申请、二级学院推荐、学校课程建设委员会初评和申请人汇报、校园网公示几个环节进行。

第七章　教师层面的质量保证与评价

周光礼和武建鑫归纳出世界一流学科的四个标准:一流的学术队伍、一流的科研成果、一流的学生质量和一流的学术声誉,[1]办高职就是办专业,这种卓越的质量标准同样适用于高职院校的高水平专业,高水平专业应该具备一流的师资队伍、一流的科研和社会服务、一流的学生质量和一流的学术声誉,而一流的师资队伍是基石。高校教师岗位群体大体上可以分为教师岗、教学管理岗、教学服务岗三大类别,其中教师岗根据教师个人能力特征和偏好又可分为教学型、科研型、教学科研型三种类型。不同类别的教师在人才培养过程中扮演不同的角色,教师岗是学生教育与管理的实施主体,教学管理岗和教学服务岗为人才培养提供制度保障、物质保障和技术保障。教师层面的质量保证即保证教师作为具有一定教学能力和专业知识、技能的合格教师的持续性;保证教师提供物质、生活服务、技术服务的供给能力;吸引、保留合格教师持续发展。教师发展质量评价则是鉴定教师的资质和贡献作为聘用、奖励和晋升的依据以及督促教师在教育教学活动中持续的高投入。

第一节　教师层面质量保证的内容

一、教师职业道德

教师管理的对象是一个个具有不同个性的生命个体,而不是整齐划一的机

[1] 周光礼,武建鑫.什么是世界一流学科[J].中国高教研究,2016(1):65-73.

器,高职院校教师面向的对象较本科院校而言又具有其复杂性,本科院校面向的学生教育背景基本一致都是高中毕业生,而高职院校教师面向的学生有初中毕业、中职毕业、高中毕业、退伍军人、社会人员,不同教育背景和年龄段的学生具有不同的生理和心理特点,所以高职院校的教学管理服务对于教师提出了不同的要求,要求高职院校教师能够理解不同类的大学生群体的心理特点,并在此基础上提供和设计适合其身心发展特点的教学方式。

尊重个体学习者是一个教师职业的核心价值观,教师应该能够平等的对待来自不同地区、民族和家庭的学生,并尊重不同学生的宗教信仰以及学习方式。来自不同地区和家庭背景的学生对于学习有着不同的需求,这也体现了学习者学习风格的差异,教师不应该将自己的价值观和要求凌驾于学生之上,而是需要能够尊重学生个体差异,并给予支持和鼓励。同时,大学生在学习之外还会参与各种不同的学校社团,教师需要能够对此给予恰当的指导,理解学生参与社团对其成长的重要意义。

高职院校教师应该能够提供促进人们接受高等教育和学习的平等机会,这不仅要求教师能够平等地对待不同的学生,更要求教师能够将接受高等教育具有改变命运的重要价值传达给学生,让学生真正理解高等教育的意义,并在以后的人生道路上传达给更多的人,促使更多的社会群体理解教育的重要性,并能够认识到教育对于改变自身、促进社会进步的重要意义,真正实现教育的启蒙功能,提供一种民主的教学生活方式。从这个意义上来讲,高职院校教师不仅仅是一个教学者,教师职业也不仅仅是一个职业种属,它还承担着实现社会民主和促进社会进步的重要功能[1]。

二、教师教学能力

教师在不同的发展阶段应该具备不同的知识,所以需要对不同岗位的教师在不同发展阶段需要掌握的知识进行界定。高职院校的一线教师不仅仅需要

[1] 李俐. 英国高校教师发展研究[D]. 重庆:西南大学,2013:40.

掌握专业领域内理论知识,还需要掌握与专业相对应的生产领域内的生产和管理知识,管理和服务岗的教师也有需要熟练掌握岗位相关的理论知识和实践方法。一线教师在掌握学科知识和生产知识的同时需要掌握各种教学方法,包括教学设计方法、评价方法、课堂组织方法等。一线教师也需要从事一定的管理工作,所有的教学管理服务的教师都需要掌握教育管理学的基本方法。与此同时教师要持续的在学科以及教育学领域发展,需要能够将学术研究成果融入教学,真正做到教学与学术研究的统一,而不是对立。

信息时代,知识和技术更新速度加快,知识获取渠道多样化,互联网正在悄无声息地改变学生的学习方式和思维方式,教学形式的多样是满足学习者需求的客观需要,高职院校的一线教师需要面向不同教育背景的学生群体采用不同教学形式以促进学生学习的积极性和主动性,提高课堂教学质量。以学生为中心的课堂教学范式已经成为全球的共识,需要教师具备在了解学生个性和心理的基础上,设计、组织和实施不同的学习活动和项目的能力。通过组织不同类型的学习活动和项目,教师可以将学生的学习活动延伸到课堂之外,培养学生全面发展的能力。教师的教学能力标准应包括以下几个方面:学习活动的设计和学习项目的设计,辅助教学、给学习者评价和反馈,为辅助学生和指导学生创造良好的学习环境和采用有效的方法以及参与持续的专业和学科发展、继续深造,能够把实验研究、科研成果与教学结合起来。教师的教学能力重点需要强调教师的评价教学的能力,要求教师能够对学习者学习效果进行评价并提供评价结果和反馈。教师对于学生的评价和反馈体现了教师对学生的了解程度,也促使教师能够更加了解自己的教学效果与预期的差距。

三、教师专业发展

教师无论是教师岗还是管理岗抑或是教学服务岗除了进行常规教学管理活动都需要进行科研活动,不仅仅因为所有的教师都需要一定的科研成果作为支撑去获取职称,更因为所有的教师都需要通过科研去获取最新的专业知识、掌握最新的专业技能、锻炼专业学习和研究的能力。进行科研活动应该是所有教师的一项基本工作，一线的教师需要通过科研学习、掌握、开发教学方法和学科前沿知识，管理岗和教学服务岗的教师需要通过学习和科研解放思想、提高工作技能和效率。教师能否取得相应职称可以视为是对其教学能力、管理能力和专业发展能力的认可，无论是否取得职称教师都不能停止科研活动。

职称和科研成果都直接与教师的绩效挂钩，如何平衡教师的日常教学管理服务的工作量和科研的工作量是一个值得深入研究的问题。在学校的管理中，需要明确不同类别岗位的教师发展标准以及岗位标准。教学和科研的考核评价标准如何确定，不同类别、不同层次的高校的教师对于这个问题的认识截然不同，尤其是在高职院校，不少教师对于科研始终存在抵触情绪，认识不到科研对于教学和管理的促进作用。

高职院校最主要的职能是人才培养，是培养高素质的复合型技术技能人才。教师面向不同背景的学生群体进行教学活动是高职教师的主要职责，课堂是教师的主战场。教学方法、能力、效果这些指标应该是评价一线教师的主要因素，课堂质量是评价的核心。学校需要通过合理的机制引导教师将科研取得的成果用于教学活动，完善教师发展标准、制定相应的评价标准和激励机制引导教师全面发展，帮助教师寻找教学管理服务基础工作和科研工作的平衡，实现教师教学、管理和科研工作的齐头并进和相互促进。

四、教师职业发展

国际上有学者将教师称之为高层次的知识型工人，教师能够不断学习更新自身的专业知识和技能并推动教师职业的专业化。实际上大多数学校组织运行的现状给教师留下的印象是学校通过官僚的指挥和控制将教师视为可以替换的零部件，教师的主人翁意识并不强烈。为促进教师全面发展，学校需要转变管理理念和模式，使教师成为有地位、高收入、拥有专业自主权的有吸引力的职业群体，为教师提供不同的职业发展通道，实现多样性发展，人尽其才。

教师无论是什么岗位国家都有相应的岗位等级设置供其向上发展，但是每个等级的岗位都设有相对固定的职位数和比例。从很多高职院校教师职业发展的实际情况来观察,青年教师具备晋升条件但是受限于职位数量无法晋升的情况极为普遍,尤其是中级向副高级过渡的阶段,无法晋升就意味着无法提高待遇,这严重制约教师工作的积极性和创造性,为晋升弄虚作假的案例屡见不鲜。所以学校必须进行管理机制的创新以提高教师工作的幸福感,需要构建科学合理的教师能力发展评价机制,改进绩效分配奖励办法持续激励教师保持工作的高投入,完善监督机制预防学术不端的失信行为,促进教师体面劳动。

五、教师民主参与教育教学管理和改革

对现状的根本变革可能导致不确定性,同时变革会改变利益相关者的权益,从而触发相关人士的抵触,事实证明,没有教师主动、自愿的参与,大多数教育改革都以失败告终,除非得到自下而上的支持,否则学校改革不可能行得通,教师参与教育改革方法的制定与实施至关重要已经是全世界的共识。

建立现代大学制度,推进大学治理能力的现代化,是助推"双一流"建设和"双高"建设进行学校改革与发展的主题。建设现代学校制度的核心是为了促进教师更好的教和学生更好的学,因此,教师的教和学生的学是学校制度最应该关注的问题,其他的制度都是为其服务的❶。现代大学制度以章程为核心,应蕴含和体现公正性、民主性、法治性、人本性等现代教育精神❷。保障教师民主参与内部治理的权力是现代教育精神的集中表现,是完善现代大学制度的重点工作,是学校各项制度有效执行的基础。

教师在大学内部治理中的权力至少应该包括学术权力、民主管理权力以及民主监督的权力。❸ 教师的学术权力不仅包括学术事务的参与权,还包括决策权;民主管理权力包括讨论与教职工直接相关的福利待遇实施方案、教学科研管理办法等管理制度,对学校发展规划、师资队伍建设等各项工作提出意见或

---

❶ 褚宏启. 我们需要什么样的现代学校制度[J]. 教育研究,2004(12):32-38.

❷ 张清宇,苏君阳. 现代学校制度下教师制度化参与的内涵及意义[J]. 现代教育管理,2017(7):43-48.

❸ 仰丙灿. 大学内部治理中的教师权力[J]. 黑龙江高教研究,2017(5):41-44.

建议;民主监督包括监督校内学术权力组织决策、运行和各项管理活动的合法性及合规性。

第二节　教师层面的质量保证体系

一、保证体制

随着“放管服”改革的深入,高职院校人事管理的职权越来越大,高职院校具备自主招聘、自主评定职称(含高级职称)、自主进行绩效分配等权利,如何平衡利益、减少矛盾的同时保证每个教师的充分发展是教师层面质量保证的基本命题。教师质量管理同样也分为学校层面的宏观管理和二级学院层面的微观管理。

1. 宏观质量管理

学校学术委员会负责审议学校科研发展规划、科研管理制度,对科研工作与学术问题进行论证和提供咨询,评选科技创新团队、科技人才、科研成果等。学校教职工代表大会对学校各项规划制定、实施和与教职工直接相关的福利待遇实施方案、教学科研管理办法等管理制度提出意见和建议以及进行表决,听取学校年度工作、财务工作以及重大问题解决方案的报告并提出意见和建议。

人事处、教师发展中心、科技处和工会是具体负责教师质量管理和服务的部门。人事处负责制定职称评审制度、绩效奖励分配办法、岗位设置和岗位考核办法、教师企业实践管理办法等制度,组织进行职称申报评审、教师资格证申报等工作,指导二级学院进行岗位聘任和年度个人考核工作;教师发展中心组织新教师入职培训,组织校本、省培、国培、境外培训等培训,组织教师参加高级访问学者项目、出国进修等继续教育活动,对教师教学科研能力提升提供支持服务,帮助教师进行个人职业生涯发展规划的制定与实施;科技处负责制定科研项目管理和奖励办法、教学科研积分互换等制度,组织教师申报各类各级科研项目;工会负责维护教师合法权益,关心教师生活,协助学校党政做好教师福利工作,负责教代会工作机构的工作,发挥桥梁和纽带作用,代表和组织教师依法行使民主权利,参与学校管理,推进学校民主建设。

2. 微观质量管理

二级学院配合学校职能部门和党群组织对教师进行全面管理,组织教师申报职称,积极参与各项培训,开展学院内部教师教学能力提升培训活动,开展教学沙龙、科技研讨会促进教师教学能力和专业能力的提升,配合学校工会关爱教师、参加学校各项工作的民主管理。

二、保证机制

1. 师德师风建设

高校教师的思想政治素质和道德情操直接影响着青年学生世界观、人生观、价值观的养成,决定着人才培养的质量,关系着国家和民族的未来。加强和改进高校师德建设工作,对于全面提高高等教育质量、推进高等教育事业科学发展以及培养中国特色社会主义事业的建设者和接班人、实现中华民族伟大复兴的中国梦具有重大而深远的意义。

健全师德师风教育机制,在岗前培训、骨干教师培训等各类培训中增加师德师风教育专题内容,明确提出师德禁行行为的做法,如教育部于 2014 年 10 月 9 日印发了关于《关于建立健全高校师德建设长效机制的意见》中提到的高校教师的师德禁行行为"红七条"。健全师德师风宣传机制,将培育良好师德师风作为校园文化建设的内容,对校内外涌现的教育战线先进人物和感人事迹及时进行宣传,评选师德标兵为广大教师树立身边的学习典范,通过这些榜样和示范的力量带动和影响广大教师不断提升自我的内在师德标准,用先进个人和先进事迹不断引导教师奉行与遵循高标准师德[1]。健全师德师风的考核和监督机制,建立教师个人师德师风档案制度,考核结果记入师德师风档案,构建由教师、学生、家长和社会多元参与的师德师风监督机制,增强监督的群众性和公开

[1] 李芳,李岩．新时期师德内涵的二重性[J]. 浙江大学学报(人文社会科学版),2019(3):188.

性，对师德师风考核不合格者，实行一票否决制，完善与考核和监督机制相配套的奖惩机制，对师德标兵进行表彰和奖励，完善教师违反师德师风行为的惩处制度，对触犯“红七条”的行为实行零容忍。

2. 师资队伍建设

一流的师资队伍建设可以从结构和能力两个维度进行强化建设。

(1)完善师资队伍结构。师资队伍结构可以分为年龄结构、学历结构、职称结构、双师结构、企业兼职教师比例结构。完善师资队伍结构首先需要保证队伍年龄结构和职称队伍的合理性，发挥传帮带作用，使队伍有序竞争发展。过度的老龄化和高职称化会降低队伍活力、增加老中青内部矛盾，而过度的年轻化不易形成凝聚力，过多的年轻教师去争夺有限的岗位资源的过程中容易引发恶意竞争甚至学术不端行为。学校在招聘新教师的时候需要对现有教师年龄进行分析，在组织教师申报职称的时候，除了考虑申报人的业绩，也需要综合考虑申报人的年龄和对学校的贡献。完善师资队伍结构其次需要不断提升师资队伍的学历层次，除了引进高层次人才还需要鼓励中青年教师继续深造学习。教师个体通过学习提升学历的过程本身是强化学术规范和学术研究能力、提高思辨能力以及获取新知识和方法的过程。学校需要制定支持中青年教师提升学历的制度政策，提升师资队伍的学历层次可以提升队伍科技研发和服务的能力，配合科研管理和奖励办法鼓励教师科研活动，提升学校的影响力和声誉。完善师资队伍结构再次是提升“双师型”教师的比例和兼职教师的比例，高职院校人才培养的特征要求教师的知识结构以应用性和技术性内容为主，“双师型”教师和企业兼职教师是专业课程实施的保证主体，需要完善“双师型”教师认证制度和企业兼职教师管理办法，不断增强教师岗位胜任力和提高企业兼职教师的授课率及教学能力。

(2)提升师资队伍能力。师资队伍的能力建设需要通过强化培训和增加引进力度双管齐下。学校需要完善5年一周期的教师全员培训制度，选派教师参加国家、省、地方的培训以及组织校本培训，组织骨干教师参加境外培训或者访问学习，针对教师的个人发展需求提供为其提供相应的培训，提高全体教师的教学能力和专业能力。完善校级教学名师评选制度，为全体教师树立学习榜样。完善校级优秀教学团队建设机制，发挥团体智慧以促进教学内容和方法改革以及教学资源开发，促进教学研讨和教学经验交流，推进教学工作的传、帮、带和老中青相结合，提高教师的教学能力和专业能力。完善产业教授和技能大师的引进机制和考核机制，配备教授、大师工作室，充分发挥产业教授的科研能力，以产业教授和专业带头人为核心组建科技创新团队，与产业教授所在企业联合申报国家和省级科研项目申报；充分发挥技能大师的生产实践能力，将技能大师引进课堂，讲述成长历程、传授实践经验，带领学生实践实习、创新创业。

3. 科研管理

高职院校科研活动包括基础理论研究、应用技术研究和教学改革研究。科研是教师实现教学能力、专业研究能力和专业技能能力提升的主要方式，是提高学校社会服务能力、办学影响力的主要途径。在实际工作中，相当多的高职教师没有意识到科研对于高职教育发展的重要性，也有相当多的教师对于科研只保持短暂的激情，仅限于为达到职称评审要求而短期付出努力，具有明显的功利色彩，教师在取得副高级和高级职称之后毫无建树的案例比比皆是。知识、技能、教学环境以及教学可用的技术手段都是不断发展和进步的，所以教师需要持续的科研活动以保持教师自身作为输入质量重要组成部分的高质量，完善科研管理办法以保持教师参与科研的主动性、持续性和广泛的参与性是保证教师教学能力、专业发展和职业生涯发展的重要工作。科研管理办法包括教师科研能力培养和科研条件建设政策、科研项目管理办法以及科研成果评价和奖励办法。

(1)提升教师的科研能力。提升教师的科研能力首先是建立和完善科研骨干和科技团队的培养机制。重视科研骨干的培养，发挥科研骨干的示范引领作用，通过定期组织科技研讨活动，邀请科研骨干向同事们介绍自己在教学改革、教育管理、应用技术研究方面的经验，同时邀请校外科研成果卓著的专家进校介绍经验和科研项目申报需要注意的事项。将科技团队培养作为重点工作。科技团队有以教学研究提高教学能力为主的教改研究团队，有以解决区域行业企业共性技术问题的应用型技术研发团队,有以提高实践能力为区域中小微企业服务的技术服务型团队。团队合作在交流和共享资源的过程中不仅仅有助于个人研究的提升,还有助于团队成员之间产生优势互补的溢出效应。在科研团队的建设过程中要充分发挥产业教授和技能大师的领军作用和纽带作用,加强学校与产业教授和技能大师所在企业的交流与合作,共享资源,共同申报国家、省重大、重点科研项目和科研成果奖,通过大项目的历练使教师能够迅速成长,成为学校的科研骨干。提升教师的科研能力其次是保证教师科研活动需要的科研资金和科研设备的物质保障,需要建立常态化的投入机制,保证充足的资金和设备的投入。

(2)完善科研项目管理办法。学校需要加强顶层设计,制定科研项目规划,将科研与教学和社会服务有机结合,力争在重点专业建设和重大科技研发、技术服务方面取得重点突破,以扩大学校影响力和增加学校核心竞争力。完善科研项目申报、立项、备案和经费使用管理机制,坚持个人自由发展和学校有序引导的原则,开展各类项目的研究活动。教师个人可以根据自己的专业特长自主申报各级各类纵向和横向项目,在不影响本职工作内容的前提下,教师有自主开展科研活动的学术自由权力。学校可以规划确定需要在短期内解决的教学改革问题和纵向项目研究的选题,通过校内招标的方式鼓励个人和团队承接项目;充分发挥专业资源优势借助第三方中介机构与企业洽谈开展重点项目研究、申报发明专利,通过教学科研积分互换、绩效奖励等方法调动个人和团队承接项目。学校应鼓励教师在不影响本职工作的情况下参与其他学校、企业或者机构的科研活动,做好备案工作,教师取得的相关成果可以作为评价教师科研能力的参考依据。学校除了通过创新科研项目管理调动教师积极参与科研活动还需要根据国家相关规定完善科研项目经费管理办法,规范各类科研项目合同管理,防范经济风险,提高科研项目经费使用的合规性、合理性和真实性。

(3)完善科研成果奖励办法。学校需要完善科研成果的评价、监督和奖励机制,对论文、课题、专利等科研成果的质量进行认定并配套相应奖励办法。首先需要完善科研成果的认定办法。一是完善学校内部的论文质量的评价和奖励机制,职称评审条件中规定教师需在正规期刊上面公开发表论文,但并不是所有的期刊都属于学术刊物,对此学校应该对刊物种类进行严格规定。笔者认为期刊认定的最低标准应以知网为准,知网不收录的刊物所发表的论文不予认定,更加不能够作为申报职称的证明材料;期刊认定的高标准以南大核心、北大核心以及公认的外文核心为准。二是完善学校自主立项的和下放了管理权限由学校组织结项的课题的管理机制,对课题结项材料严把质量观,并不仅仅审查材料的数量,还要注重质量,低标准的结项要求对教师个体科研能力的提升没有任何帮助,反而会助长个体为赚取学校的科研奖励投机取巧的行为的发生。三是完善重大发明和重点横向项目的认定和评价机制,帮助教师个人和团体争取重大项目的获得机会。四是完善科研成果的监督机制,对在科研活动中存在学术不端行为实行零容忍。其次需要完善科研成果奖励办法,在年度科研成果奖励的过程中对于普通论文和校内立项的科研项目应减少奖励标准或不予奖励,对发表了核心论文和完成重大科研项目的教师进行重点奖励。科研是一个有职业道德的教师保持自身作为一个合格教师的基本工作,即便是没有奖励教师自身也需要通过科研来提高教学能力和专业能力以适应内外部环境变化提出的新要求,对于获得教育教学、科技研发创新、教育研究成果奖以及个人技能比赛或者指导学生技能比赛获奖的需要重点奖励。

4. 教师职业生涯发展

绝大多数教师职业生涯发展过程中最为关心的问题就是获得职称。职称对于广大教师而言不仅仅是能力水平的表征,更是学术身份和社会地位的反映,也往往同绩效收入和人才工程关联密切,是事关知识分子事业评判的核心要素之一[1]。根据国家职业教育改革实施方案最新要求,职业院校教师原则上从具有 3 年以上企业工作经历的人员中公开招聘,高职院校新进教师的最低年龄为 27~30 岁,职业发展时间至少 30 年。教师职业生涯发展可以划分为初创期、发展期、成熟期和衰退期 4 个阶段。学校帮助教师快速度过初创期,经过较

[1] 黄亮. 内涵发展视阈下高职教师职称评审改革路径研究——以江西财经职业学院为例[J]. 职教论坛,2019(6):67-72.

短的发展期的成长进入成熟期，在 30 年漫长的职业生涯中保持成熟期的时长是保证教师职业生涯发展的重要工作。职称评审标准无疑是引导教师职业发展激发内生动力的主要外部因素。但并不是所有教师都具备不断提升的资质，也不是所有教师都具备自我约束能力进行不断提升以保持事业发展成熟期的时长，加之外部环境和教师自身原因造成的职业倦怠会使教师职业生涯发展陷入瓶颈期甚至提前进入衰退期。学校需要完善教师职业生涯发展保证机制，帮助所有教师增强面对和应对职业发展过程困境的能力，采取积极有效的举措摆脱困境、解决问题，最大化的破除限制自身职业发展的各种环境条件制约，不断实现职业持续发展❶。笔者认为教师的职业生涯发展保证机制包含教师管理评价机制和教师服务发展机制，教师管理评价机制指教师岗位聘任、年度考核、聘期考核、职称申报和评审以及薪酬绩效管理的系列制度体系，教师服务发展机制指服务教师教学能力和专业能力发展的支撑体系、帮助教师克服职业倦怠的服务体系。

(1)完善教师管理评价机制。构建和完善教师管理评价机制的核心是明确岗位聘任标准和岗位工作职责。岗位聘任标准是判断教师是否能够胜任岗位的基本衡量标准，岗位工作职责是对教师岗位需要完成的任务的最基本内容和范围的约定。定岗定编定责的合理性和公正性是年度考核、聘期考核的基础，岗位职责模糊、交叉容易出现相互推诿和搭便车的现象，工作任务分配不均衡容易造成内部矛盾，引发教师职业倦怠和消极怠工行为。岗位考核是保证教师履行岗位工作职责的制度保障，年度考核和聘期考核的内容应各有侧重。年度考核发挥常规监督作用，考核教师的基本工作任务的完成情况，通过每年定期考核督促教师进行自我反省和自我改进；聘期考核是对教师阶段表现的总结，是教师续聘、岗位级别晋升和调换岗的依据，为综合考核教师教学、科研、管理全方面的工作绩效，必须制定详细的教师年度考核评价标准和聘期考核评价标准。岗位考核结果是岗位聘任的依据，对符合晋升条件的教师择优晋升，对表

❶ 刘志国，刘志峰．职业院校教师职业发展规划的意义、特点和内容研究[J]．职教论坛，2018(1):92-95.

现不佳的教师进行预警或者调换岗,对连续两个聘期表现不佳的教师不进行续聘。薪酬绩效管理制度是与岗位聘任制度和岗位考核制度相配套的保证教师高质量履行岗位职责的经济层面的制度保障,学校需要完善薪酬绩效管理制度,对年度考核优秀和聘期考核优秀的教师进行绩效奖励以维持教师工作高投入的积极性。

(2)完善职称评审制度。学校需要结合国家标准、地方标准制定校本职称申报标准,完善职称评审程序,充分发挥专业技术资格评审委员会的作用,规范工作流程,完善职称评审制度。目前量化评审办法是各校普遍使用的方法,也是相对比较公平、公正的方法,在不"唯学历、唯资历、唯论文、唯课题"的新环境下,学校可以通过完善量化指标体系,发挥职称评审的导向作用,引导教师回归教育教学本身。与此同时,可以借鉴美国经验,创新职称评审制度,增设助理副教授、助理教授等类似职称,这些职称并不是正式序列的职称,增设职称不影响学校对上进行数据的采集填报,也符合国家对于学校在核定的岗位结构比例内开展职称评聘的要求,只是学校对教师能力发展的阶段性认可。助理副教授、助理教授聘期也是3年且考核要求同副教授、教授,绩效工资及待遇等同副教授、教授的最低档,每年也具备申报副教授和教授的资格,当然同等条件下具备优先晋级的资格。增设助理副教授和助理教授岗位主要作用有二:一是缓解国家对于高级职称的比例限制问题,可以通过岗位待遇的提升满足教师对于晋升岗位提高收入的需求;二是可以作为专业技术资格评审委员会对于个人成果质量存在疑问的缓兵之计,以便继续观察申报人员。首先,众所周知,买卖论文、专著、专利属于学术不端,但这些行为不易察觉;其次,成果质量也是比较主观的判断。当专业技术资格评审委员多名成员认为成果质量值得商榷的时候,可以先认定申报教师获得助理副教授、助理教授职称,再申报人取得新的重点成果之后再认定其正式职称。

(3)完善教师发展服务机制。教师发展中心是服务教师发展的主要负责机构。教师发展中心是对教师教学能力提升、教学效果提高提供支持服务的主要机构,教师发展中心必须将行政机构和学术机构的性质有机地融为一体,成为兼具行政和学术属性的专门机构,从而发挥行政与学术的双重优势,有效的履行教师专业发展使命❶。学校需要完善教师发展中心的职能,通过管理流程的再造,创新管理模式,通过开发教师个人职业生涯发展规划管理平台,为教师提供教学咨询以及学术和专业咨询、资源、指导服务,帮助教师进行职业生涯规划。引导全体教师于每年年初结合个人中长期发展目标和聘期内的教学、管理、服务和科研的重点计划将年度重点工作目标输入平台,于每年年终考核之前将完成的任务输入平台。学校可以通过将所有教职工的短期以及中长期工作目标与部门目标和学校总目标进行对比分析,观察教师对于学校总目标的认可度以及归属感,为学校各项工作改进提供参考依据。教师个人可以通过平台的统计数据进行自我监督,还可以通过平台向学校求助或者提出建议,对学校提出教学科研资源以及生活服务政策方面的需求,由教师发展中心定期整理并提交相关部门做决策以及回应。

学校在完善教师发展中心职能的同时,需要强化人事处、工会等部门的职能,完善教师发展服务机制,为解决教师职业发展过程中遇到的生活问题提供服务,比如工会可以建立儿童中心,为教师子女幼儿园和小学放学之后提供娱乐和学习的场所,以免造成教师将子女带入办公室影响正常办公的现象出现。人事处需要完善离岗休假制度,学校在无法追加奖励性绩效工资的情况下,可以为教师提供带薪休假供教师进行自由学术活动、旅游和休息,为家庭有老人和婴幼儿需要护理的教师提供无薪的家庭护理假。

5. 民主管理

教育治理的本质是民主管理,利益诉求的充分表达与有效整合是民主管理的精髓。❷ 了解公众的需求最有效的方式就是让其参与决策和管理过程。公民很清楚自己需要什么,他们参与了的决策才更有针对性,才能更好地解决问

---

❶ 别敦荣,李家新. 大学教师教学发展中心的性质与功能[J]. 复旦教育论坛,2014(4):41-47.

❷ 褚宏启,贾继娥. 教育治理中的多元主体及其作用互补[J]. 教育发展研究,2014(19):1-7.

题。[1] 保证教师、学生民主管理和民主参与是实现学校善治的重要机制保障。学校以章程建设为引领，完善各项规章制度，引导教师制度化参与民主管理，培养教师民主参与意识和习惯，保证教师的民主监督权力。

(1)解放思想，丰富教师民主管理途径，形成制度化参与。学校实现善治首先需要校领导解放思想，相信教师具备民主参与治理的能力。担忧学校治理的民主化进程中会出现管理的低效和无序而排斥教师民主参与是不可取的，不可否认，民主初期会出现低效和无序，但这是回避不了的必经阶段，教师作为高素质、高学历的知识群体，学校通过引导完全可以用短暂的时间度过无序的初级阶段。民主管理是现代公民的一种高层次需要，教师尤其是青年教师具有很强烈的自主意识，渴望参与学校管理来表达个人观点和维护自身利益，教师如果缺少畅通的表达利益诉求的途径，就容易出现以一种非常规化的方式向权力系统施加压力的行为，是不合法、非理性和情绪化的行为[2]，这些行为一样会使学校陷入低效和无序的状态。学校需要完善相关制度，对教师参与学校管理的具体程序和方法进行规定。教职工代表大会制度是教师制度化参与民主管理的主要途径，学校需要完善教职工代表大会制度，减少行政干部和高级职称人员这些既得利益者的比例。既得利益者往往是各项与教职工切身利益相关的制度的制定者，而教职工代表大会代表是制度的表决者。如果制定者占据了表决者的觉大多数席位，投票表决就会变成一种形式而散失其本体功能。只有将制定者和表决者分离，才能促进学校上下充分的沟通、理解和达成共识。信访制度是教师维护自身合法权益的主要制度，学校需要完善信访制度，明确教师个人认为在教育教学活动、学术研究、福利待遇等方面受到侵害时的利益表达途径以及回应教师诉求的方式方法。

(2)培养教师民主参与意识和习惯。西蒙提出了管理即决策的经典论断，

[1] 施雪华，张琴．国外治理理论对中国国家治理体系和治理能力现代化的启示[J]．学术研究，2014(6)：31-36.

[2] 张清宇，苏君阳．现代学校制度下教师制度化参与的内涵及意义[J]．现代教育管理，2017(7)：43-48.

决策贯穿于计划、组织、指挥、协调和控制的全过程之中，科学、合理的决策需要建立在全面的咨询的基础之上，教师民主参与学校治理活动本身就是全面收集咨询的过程。对学校而言，教师民主参与治理可以提高学校各项管理活动的决策效率。对教师个体而言，教师民主参与治理可以让教师意识到参与能够提高自身对于学术和学术评价的认知，能够促进自己与他人的沟通和理解，能够提高维护自身权益的能力。所以学校需要培养教师民主参与意识和习惯，鼓励教师广泛参与、通过各种途径表达思想和利益诉求，应鼓励教师通过制度化途径对学校发展规划、专业评价、课程评价、职称评审等活动发表个人观点，发挥教师咨询、建议、讨论、评审等法定权力。

(3)保障民主监督条件。信息公开制度不完善是造成教师民主监督机制不完善和监督流于形式的主要原因。学校需要根据自身情况确定信息公开的范围，但是不得低于教育部2010年发布的《高等学校信息公开办法》中的相关要求。建议加大财务以及制度制定的信息公开力度，校园内部OA办公系统公开各部门差旅费、车费、餐费、办公经费、教学仪器设备和耗材购买等预算使用情况明细，公开新制度初稿以及旧制度修订稿以便于广泛收集民意，为教师参与民主管理提供足够的参考信息。财务信息公开一方面有利于形成教师和部门之间的内部监督，规范经济行为，降低经济风险，另一方面有利于各部门对经费预算管理进行更科学合理的规划，提高学校经费的使用效率。制度制定和修订充分征求广大教师的意见，有利于减少制度执行过程中的阻力，有利于提高管理效能。

第三节 教师层面的质量评价体系

一、教师发展质量评价的发展趋势

1. 回归教育教学

职称评审标准是教师职业生涯发展的指挥棒，目前高职院校教师职称评审标准基本套用本科标准，青年教师将更多的时间和精力投入到课题申报、撰写论文和申报专利这些科研活动中，少有教师进行教学研究改革的科研活动，因为这方面科研不容易产出关键成果，对申报职称帮助不大。2016 年中央全面深化改革领导小组第二十九次会议指出：深化职称制度改革，要突出品德、能力、业绩导向，克服“唯学历、唯资历、唯论文”倾向。不少高职院校开始将教师评价标准向教学改革和课程建设倾斜，一些高职院校每年对课程教学质量优秀、教改研究中做出突出贡献、指导学生全国技能大赛和创新创业大赛获奖的教师进行重点奖励，并在职称评审中开启直通车，使这些教师具有优先晋升资格。2019 年教育部提出了“金课”建设计划，各校对教学的重视程度进一步提高。教师评价逐渐从重科研、轻教学向教学与科研齐头并进转变，引导教师回归课堂，回归教育教学的主业。

2. 持续改进

过去我国的教师评价基本功能都是鉴定，无论是职称评审、双师型教师认定、教学名师认定等都是属于鉴定和选优的总结性评价。随着社会和国家对于教育质量要求的提高，近几年来教师评价呈现出将促进教师发展、持续改进作为主要目标，评价的内容和形式也呈现出多样化趋势。比如有的省份和高职院校在聘期考核和“双师型”教师认定工作中就将持续改进的理念引入教师评价工作。不少高职院校结合 3 年一个聘期进行了高职低聘、低职高聘的尝试，督促获得高级职称的教师继续保持教育教学的高投入，激励青年教师持续的高产出。福建省制定的《职业院校“双师型”教师认定指导性标准（试行）》文件中提出对“双师型”教师实行动态调整，要求各职业院校每年开展一次“双师型”教师认定工作，“双师型”教师资格的有效期限为 5 年，在期限内应履行相应职责，有效期满，教师需重新申请“双师型”教师资格认定，以确保“双师型”教师队伍素质不断优化、质量不断提升。江西省提出高级“双师型”教师、中级“双师型”教师、初级“双师型”教师的认定办法，要求教师不断提升专业实践能力。美国有终身教职后评估制度，通常为 3～7 年对所有终身教职教师进行一次评估[1]，

---

[1] 庄丽君．美国高校终身教职后评估制度[J]．高教发展与评估，2017(4)：69-75，120.

激励和约束终身教职教师持续发展。随着全国高校正式全面推行绩效改革,3年一个周期的聘期考核常态化和正规化之后,聘期考核内容和方式也将细化,其功能与美国终身教职后评估制度类似,目的是使教师保持积极上进的专业意识并持续保持教育教学的高质量。

二、教师发展质量的评价原则

1. 分类评价

因为教师岗位类别存在多样性,而且教师专业背景存在多样性,所以教师的发展评价标准必然是多元化的。一线教师根据学科进行分类,可以分类理科、工科、艺术、管理、思政、体育等,教师中分全职教师和兼职教师,比如思想政治课教师有全职的"两课"教师,还有辅导员系列的兼职思想政治课教师。教学服务岗涉及的岗位类别比较多,有后勤、财务、工程师、馆员、档案员等,统称为其他专业技术岗。相较于教师岗和教学服务岗,管理岗最为单一。不同的岗位类别应该有明确的岗位聘任标准和评价标准。以最单一的管理岗为例,并不是所有的人都适合管理岗的工作,从某种意义上分析,管理岗也具有其岗位的特殊性,对个人的性格、能力以及专业背景也具有一定的要求,人尽其才应是人事管理制度的基本目标。

2. 分层次评价

不同岗位类别的教师评价标准因岗而异,同一岗位的教师在不同的发展阶段也因采用不同的发展标准来评价其工作表现,与此同时,每个教师作为一个独立的个体其需求是多样性的,所以同一类别的教师发展标准应体现人性化和职业的个性化特征。教师岗位按不同发展阶段可以分为初级阶段、中级阶段、高级阶段,不同阶段对教师具备的能力要求显然有所差异,不同年龄阶段和学历背景的教师在达到一定的发展阶段之后可能会采用不同的策略平衡工作与生活。学校制定的评价标准既需要能够激励继续发展的教师持续的高质量的绩效产出,引导他们在各自所处的阶段各方面能力能够相应的增长,实现有序发展,而不是自主的野蛮生长;又要能够在发挥每个教师的作用预防其搭便车行为的同时不引起其对于考评的抵触情绪。

3. 分阶段评价

过去我们的教师评价基本都是年度评价,随着高校绩效改革在全国范围内的实施,教师评价应该分阶段实施即年度评价和聘期评价(3 年一个聘期)相结合,不同阶段的评价侧重点应有所区别。年度评价重点考核教师基本工作的完成情况,聘期评价则是对教师的岗位适应性进行评价,聘期评价是相对全面而且综合的考核。

4. 发展性评价为主

发展性评价与奖惩性评价是两种不同价值取向的评价模式,重发展、轻功利应是我国高职教育发展阶段的绩效考核观。教师的发展性评价重点考核教师在成长过程中沟通能力和专业能力的提升,沟通能力包括与学生的交流能力以及与同行团队的沟通和协作能力,专业能力包括专业知识、技能和专业研究能力的提升。教师的发展性评价从教学、科研和社会服务多个方面评价,其评价指标体系不以教师主持和参与科研项目、科研经费到账数额等功利性指标为主,以教师的教学设计技能、实践教学技能、评估学生的技能、技能大赛获奖情况、技术劳务服务和提供社会培训情况等作为主要指标来进行评价。

三、教师发展质量的评价体系构建

1. 评价标准

人尽其才是人事管理的基本目标,才尽其用是人事管理的最高追求。高职院校在教师管理工作方面首先是制定岗位标准,然后是职业生涯发展标准,最后是岗位考核评价标准。岗位标准是进行人员调配的依据,职业生涯发展标准是教师个体进行职业生涯规划的导航灯,岗位考核评价标准是教师尽责履职的外部监督和激励,是保证人尽其才、才尽其用的机制保障。

(1)岗位聘任标准。教育部已经陆续发布了《职业学校兼职教师管理办法》《职业院校教师企业实践规定》《中等职业学校教师专业标准(试行)》《中等职业学校校长专业标准》,近几年将发布《高等职业院校教师专业标准》《高等职业院校校长专业标准》《"双师型"教师认定标准》等标准。国家通过不断完善各类型岗位的资格标准指导各高职院校进行招聘教师、聘请兼职教师、认定"双师型"教师等活动。2019年初国务院发布的《国家职业教育改革实施方案》对高职院校新教师入职资格标准进行了新规定，要求新晋教师原则上具有不少于3年的企业工作经历。学校内部教学、管理和服务各岗位的初级、中级和高级岗位的聘任基本标准可以参考相应的职称评审条件进行校本标准的制定。

（2）教师职业生涯发展标准。岗位聘任标准可以视为教师职业生涯各发展阶段的最低标准和合格标准。岗位聘任标准的评价指标基本都是可以量化的显性指标，但是一个优秀的卓越的教师其很多判断标准都是一些需要主观判断的隐性指标。比如2018年"万人计划"教学名师（高等学校）遴选指标体系（高等职业院校）中"教学实施"指标里面有"利用信息技术改革学生学业评价方式，成效显著"的标准要求，这条标准就需要教师具备高水平的信息技术的运用能力和学生学习效果的评价能力，这些能力不容易用直接的显性指标来证明，需要采用同行评价、学生评价、主观判断来确认。一个学校里面有几十个教授，但并不是所有的教授都可以称为教学名师。所以学校需要制定教师职业生涯发展标准、发展服务支持机制和激励机制引导帮助教师对个人全方面能力进行提升，不断提高教师作为课程教学和专业建设的输入质量的质量，从而保证人才培养质量的提高。这里笔者只探讨专职教师的职业生涯发展标准，笔者将专职教师的职业生涯发展分为新任教师、合格教师、骨干教师和教学名师，分别构建他们的发展标准。

新任教师指刚入职的教师。德国的职业院校的教师有严格的准入制度，在入职之前就经历过专业的长期的师范教育，对教学管理相关理论进行过系统学习并且经过实践教学训练。我国的刚入职的教师既需要学习教学的相关理论如教育心理学、教育管理学等，也需要学习各种课堂教学能力如学生评价方法等，还需要作为助教进行课程教学训练。新任教师基本是指助教和十级讲师，他们的发展主要通过省培、地培和校培，具体发展标准见表7-1。

表 7-1 新任教师发展标准

维度	观测指标
理论学习和语言测试	1. 学习教育学、教育心理学、教育管理学等理论通过教师岗前培训
	2. 通过普通话测试,获得二级乙等及以上证书
教学技能和方法	1. 熟悉高职学生的生理、心理特征,能够观察和了解学生的学习需求
	2. 能够进行课堂教学的设计并且符合课程标准的要求
	3. 掌握不同的课堂教学评价方法,能够评价学生的学习状态和成果,并知道如何应对
	4. 熟悉和初步掌握不同的教学方法
课程教学	1. 掌握课程教学的专业知识和技能
	2. 知道课程目标定位,知道课程和课程体系的关系
	3. 能够有效地管理课堂,建立融洽的师生关系
	4. 能够使用不同的教学方法调动学生学习的主动性
	5. 能够独立讲授完整一门课程
团队合作	能够建立融洽的同事关系

合格教师指讲师和七级教授,能够独立承担多门课程的教学任务,能够积极进行教改研究和专业学习与研究。他们的发展主要通过境外培训、国培、省培、校培和企业实践,具体发展标准见表 7-2。

表 7-2 合格教师发展标准

维度	观测指标
教学技能和方法	1. 能够设计合适的有吸引力的教案并符合课程标准要求
	2. 能够根据学生学习表现和成果评价自身教学能力
	3. 知道教改研究的方法
	4. 掌握不同的教学方法
	5. 熟练掌握各种课堂教学评价方法并能灵活运用
	6. 是“双师型”教师,具有实践教学能力

续表

维度	观测指标
课程教学	1. 能够适当的调整课堂教学内容,营造积极的学习氛围,提高学习效果
	2. 能够利用各种教学资源,满足学生的学习需求
	3. 能够运用不同的教学方法调动学生学习的主动性
	4. 能够准确评价学生的学习成果,兼顾不同学生的学习进度
	5. 能够将新的专业知识和技能增加到教案中,并实施教学
	6. 能够独立教授3门以上的课程
科研和社会服务能力	1. 能够主动开展教改研究活动,产生一定的研究成果
	2. 能够主动进行专业的研究,学习新的专业知识和技能,产生一定的研究成果
	3. 具有一定的四技服务能力
团队合作	1. 具有团队协作精神
	2. 能够在教学和科研活动中主动与其他教师进行交流和回应其他教师的问题

骨干教师指副教授和四级教授,能够独立承担全部专业核心课程的教学任务,能够完成具有建设性的教改研究和专业研究,能够主动引导和帮助同事提高教学、科研和服务能力。他们的发展主要通过境外培训、国培、境外研修、高访和企业实践,具体发展标准见表7-3。

表7-3　骨干教师发展标准

维度	观测指标
教学技能和方法	1. 熟练掌握不同的教学方法
	2. 熟练掌握各种课堂教学评价方法并能灵活运用
	3. 能够进行完整的课程设计,客观评价同行的课程设计
	4. 能够准确评价自身的教学效果,并能够客观评价同行的教学效果
	5. 熟悉教改研究的方法
	6. 是“双师型”教师,具有丰富的实践教学能力

续表

维度	观测指标
课程教学	1. 能够高质量的实施课程教学,学生评价高
	2. 能够运用各种教学方法和评价方法,因材施教,促进全体学生的学习和个性化发展
	3. 能够将新的专业知识和技能增加到教案中,并实施教学
	4. 能够独立教授所有的专业核心课程
	5. 能够开发各种教学资源,开发数字化教学资源满足学生多样化学习需求
	6. 与行业企业沟通合作能力强,能够促进校外实训基地建设
科研和社会服务能力	1. 教改研究能力强,能产生一定的研究成果
	2. 专业研究能力强,能够创新产生有影响力的研究成果
	3. 能够跟踪产业发展趋势和行业动态,研究校企合作人才培养新模式,促进校企产学研合作,研究成果能够被企业采用,服务中小微企业的能力强
团队合作	1. 榜样作用明显,能够帮助指导后辈的教学和专业能力提升
	2. 与同事讨论、评价、修改课程设计
	3. 和企业关系融洽,能够吸引企业一线技术骨干成为学校兼职教师

教学名师指五级副教授和正教授,能够统领所属专业的建设,有一定的行业影响力,能够完成具有建设性的教改研究和专业研究,能够带领专业团队的教师发展,他们的发展主要通过境外研修和高访,具体发展标准见表7-4。

表7-4 教学名师发展标准

维度	观测指标
教学技能和方法	1. 熟练掌握不同的教学方法
	2. 熟练掌握各种课堂教学评价方法并能灵活运用
	3. 能够进行专业规划、完整的课程设计,能够客观评价同行的课程设计
	4. 能够准确评价自身的教学效果,并能够客观评价同行的教学效果
	5. 熟悉教改研究的方法
	6. 是"双师型"教师,具有丰富的实践教学能力,与企业联系紧密,在企业(行业协会)兼任相关技术(或管理)职务

续表

维度	观测指标
课程教学	1. 能够高质量的实施课程教学,学生评价高
	2. 能够运用各种教学方法和评价方法,因材施教,促进全体学生的学习和个性化发展
	3. 能够将新的专业知识和技能增加到教案中,并实施教学
	4. 能够独立教授所有的专业核心课程
	5. 能够开发各种教学资源,开发数字化教学资源满足学生多样化学习需求
	6. 能够整合校外资源,进行校内实训基地建设,丰富专业教学资源
	7. 具有一定的行业影响力,能够促进校外实训基地建设
科研和社会服务	1. 教改研究能力强,能创新人才培养模式,产生有影响力的研究成果
	2. 专业研究能力强,能够创新产生有影响力的重大研究成果
	3. 能够跟踪产业发展趋势和行业动态,服务中小微企业的能力强;能够独立或与行业企业合作开展技术应用性研究及应用推广,申请有影响力的发明专利,获得授权并转让;能够与企业洽谈大型技术服务项目
团队合作	1. 榜样作用明显,能够主动帮助指导后辈的教学和专业能力提升
	2. 与同事讨论、评价、修改专业人才培养方案和课程设计
	3. 和企业关系融洽,能够吸引企业一线技术骨干成为学校兼职教师,能够引进产业教授,与产业教授共同指导后辈并组建科技创新团队,申报重大科研项目
	4. 引导骨干教师、团结专业教学团队,帮助后辈发展,形成良好的"传、帮、带"团队建设文化,促进教学团队发展

(3)岗位考核评价标准。年度个人考核和3年一周期的聘期考核的目的和重点应各有侧重。年度考核的目的是监督和评价教师是否完成了基本工作要求,比如常规的年度课时要求、指导学生社团和社会实践、指导毕业设计、担任班主任等等。聘期考核则是对岗位适应性的评价,是对教师教学、管理、科研和服务全面的考核,将考核结果作为续聘和岗位晋升的依据。教学和管理工作适合进行年度考核,但是科研和社会服务不适合进行年度考核,较短的考核周期不利于产生高质量的教改研究和科技服务成果,创造性的高质量的成果需要时间去完成和验证,结合岗位聘任进行聘期考核比较符合我国实际情况。岗位的聘期考核同样要坚持分类考核的评价原则,对一线教师、管理人员和教辅人员

采用不同的标准,具体考核评价标准见教师(教学型)聘期考核标准(表7-5)和管理、其他专业技术人员聘期考核标准(表7-6)。

表7-5 教师(教学型)聘期考核标准

<table>
<tr><th>岗位</th><th>教学</th><th>科研</th><th colspan="2">社会服务</th><th>继续教育</th></tr>
<tr><td>助教十二级</td><td rowspan="2">完成年度教学工作基本要求,完成1~2门课程教学</td><td rowspan="2">发表论文一篇,参与校级、市厅级课题研究一项</td><td colspan="2" rowspan="2">专业课教师两个聘期之内,需有半年以上企业实践经历;公共课教师每两个聘期撰写企业调研报告一份</td><td rowspan="2">主动参与满足自身需求的技能培训和学术会议,参加学校组织的校本培训</td></tr>
<tr><td>助教十一级</td></tr>
<tr><td>讲师十级</td><td>完成年度教学工作量基本要求,完成2门及以上课程教学;个人参加竞赛或者指导学生参赛获奖;每2个聘期申请课程实施评价1次,评价结论需合格</td><td>发表论文2篇;每两个聘期主持或者参与校、市厅级课题1项</td><td rowspan="3">专业课教师两个聘期之内,需有半年以上企业实践经历;公共课教师每2个聘期撰写企业调研报告1份;每2个聘期“双师型”教师重更新认证1次</td><td>参与横向课题1项以上,累计到账经费2万元或者发明新型专利1项</td><td>主动参与满足自身需求的技能培训和学术会议,参加学校组织的校本培训、省培</td></tr>
<tr><td>讲师九级</td><td>完成年度教学工作量基本要求,完成3门及以上课程教学;个人参加竞赛或者指导学生参赛获奖(省级);每2个聘期申请课程实施评价1次,评价结论需合格</td><td>发表论文2篇;每两个聘期主持或者参与校、市厅级课题1项</td><td>参与横向课题1项以上,累计到账经费3万元或者发明专利1项</td><td>主动参与满足自身需求的技能培训和学术会议,参加学校组织的校本培训、省培、国培</td></tr>
<tr><td>讲师八级</td><td>完成年度教学工作量基本要求,完成3门及以上课程教学;个人参加竞赛或者指导学生参赛获奖(省级);每2个聘期申请课程实施评价1次,评价结论需优秀</td><td>发表论文2篇;主持或者参与校、市厅级课题1项(排名前3)或发表核心期刊论文1篇或参编教材3万字以上或发表艺术作品集</td><td>参与横向课题1项以上,累计到账经费4万元或者获得授权发明专利1项</td><td>主动参与满足自身需求的技能培训和学术会议,参加学校组织的校本培训、省培、国培</td></tr>
</table>

续表

岗位	教学	科研	社会服务		继续教育
副教授(助理副教授)七级	完成年度教学工作量基本要求,完成3门及以上课程教学;个人参加竞赛或者指导学生参赛获奖或者指导学生毕业设计获奖(省级);每2个聘期申请课程实施评价1次,评价结论需优秀	发表论文3篇(其中1篇为教改论文)或发表1篇核心论文;主持完成省级、市厅级课题1项或发表核心论文两篇或参与国家级、省级课题结题(国家排名前5,省排名前3)或主编教材、学术专著10万字以上或发表高水平艺术作品集;主持校在线开放课程1门	专业课教师2个聘期之内,需有半年以上企业实践经历;公共课教师每2个聘期撰写企业调研报告1份;每2个聘期“双师型”教师重更新认证1次	主持横向课题1项以上,累计到账经费10万元或者获得授权发明专利1项以上并转让(金额超过2万元);深度对接1~2家企业,校企共同开发课程1门	参加学校组织的国培、省培、校培项目;参加与专业紧密相关的学术会议;每年在二级学院或者全校开展1次校内的学术报告或者教改研究报告
副教授六级	完成年度教学工作量基本要求,完成3门及以上课程教学;个人参加竞赛或者指导学生参赛获奖(省级一等奖及以上)或者指导学生毕业设计获省二等奖及以上;每2个聘期申请课程实施评价1次,评价结论需优秀	发表论文3篇(其中1篇为教改论文)或发表1篇核心论文;主持完成省级、市厅级课题1项或发表核心论文2篇或参与国家级、省级课题结题(国家排名前5,省排名前3)或主编教材、学术专著15万字以上或发表高水平艺术作品集;主持校在线开放课程1门;每2个聘期获得市厅级成果奖三等奖及以上1次		主持横向课题1项以上,累计到账经费15万元或者获得授权发明专利2项以上并转让(金额超过4万元);深度对接1~2家企业,校企共同开发课程1门	参加学校组织的国培、省培、校培项目;受邀参加与专业紧密相关的学术会议并做报告;每年在二级学院或者全校开展1次校内的学术报告或者教改研究报告

续表

岗位	教学	科研	社会服务		继续教育
副教授五级	完成年度教学工作量基本要求，完成3门及以上课程教学；个人参加竞赛或者指导学生参赛获奖（国家级奖项或省级一等奖）或者指导学生毕业设计获省一等奖；每2个聘期申请课程实施评价1次，评价结论需优秀	发表论文4篇（其中1篇为教改论文，1篇为核心论文）或者发表2篇核心论文；每2个聘期主持完成国家级、省级课题1项或发表核心论文3篇或参与国家级、省级课题结题（国家排名前3，省排名前2）或主编教材、学术专著20万字以上或发表高水平艺术作品集；主持校在线开放课程1门；每2个聘期获得市厅级成果奖三等奖及以上1次	专业课教师2个聘期之内，需有半年以上企业实践经历；公共课教师每2个聘期撰写企业调研报告1份；每2个聘期“双师型”教师重更新认证1次	主持横向课题1项以上，累计到账经费20万元或者获得授权发明专利3项以上并转让（金额超过8万元）；深度对接2家企业，校企共同开发课程1门；每两个聘期建设校外实训基地1个，或者引进企业参与建设校内实训基地1个	参加学校组织的国培、省培、校培项目；受邀参加与专业紧密相关的学术会议并做报告；每年在二级学院或者全校开展1次校内的学术报告或者教改研究报告

续表

<table>
<tr><th>岗位</th><th>教学</th><th>科研</th><th colspan="2">社会服务</th><th>继续教育</th></tr>
<tr><td>教授四级（助理教授）</td><td rowspan="2">完成年度教学工作量基本要求；主持或参与教育部（行指委）专业标准制定；指导青年教师提高教学和科研能力；牵头专业群建设规划</td><td>发表核心论文2篇或发表高水平学术论文1篇；主编教材、学术专著20万字以上或发表高水平艺术作品集；主持国家级、省级课题1项或每2个聘期获教学成果、教育研究成果、科技成果奖省一等奖及以上1次</td><td rowspan="2">专业课教师2个聘期之内，需有半年以上企业实践经历；公共课教师每2个聘期撰写企业调研报告1份；与企业联系紧密，在企业（行业协会）兼任相关技术（或管理）职务</td><td>主持横向课题1项以上，累计到账经费25万元或者获得授权发明专利3项以上并转让（金额超过10万元）；深度对接3家企业，校企共同开发课程1门；每2个聘期建设校外实训基地1个，或者引进企业参与建设校内实训基地1个</td><td>参加学校组织的国培、省培、校培项目；受邀参加与专业紧密相关的学术会议并做报告；每年在二级学院或者全校开展1次校内的学术报告或者教改研究报告</td></tr>
<tr><td>教授三级</td><td>发表核心论文2篇或发表高水平学术论文1篇；主编教材、学术专著20万字以上或发表高水平艺术作品集；主持国家级、省级课题1项或每2个聘期获教学成果、教育研究成果、科技成果奖省一等奖及以上1次</td><td>主持横向课题1项以上，累计到账经费30万元或者获得授权发明专利3项以上并转让（金额超过12万元）；深度对接3家企业，校企共同开发课程1门；每2个聘期建设校外实训基地1个，或者引进企业参与建设校内实训基地1个</td><td>参加学校组织的国培、省培、校培项目；受邀参加与专业紧密相关的学术会议并做报告；每年在二级学院或者全校开展1次校内的学术报告或者教改研究报告</td></tr>
<tr><td>教授二级</td><td colspan="5">由省教育厅负责考核</td></tr>
</table>

注 教学科研型的教师在科研和社会服务方面的考核要求要高于教学型的教师，而且在职称评审条件方面，教学科研型的教师的业绩要求也应相应提高。这里的继续教育指参加继续教育活动，既包括接受培训也包括对他人进行培训。

表 7-6　管理、其他专业技术人员聘期考核标准

岗位及职务	日常管理与服务	科研	继续教育（接受培训或者培训他人）
初级	完成年度岗位工作的基本内容	每2个聘期发表与岗位工作内容相关论文1篇	参加学校组织的国培、省培、校培项目
中级		发表与岗位工作内容相关论文1篇(其他专业技术岗可发表专业论文1篇)	参加学校组织的国培、省培、校培项目
副高、中层副职		发表与岗位工作内容相关论文2篇(其他专业技术岗可发表专业论文2篇)或发表教学管理服务内容的核心论文1篇	参加学校组织的国培、省培、校培项目;受邀参加与专业紧密相关的学术会议或与岗位相关的工作会议
正高、中层正职		发表与岗位工作内容相关论文3篇(其他专业技术岗可发表专业论文3篇)或发表教学管理服务内容的核心论文1篇	参加学校组织的国培、省培、校培项目;受邀参加与专业紧密相关的学术会议或与岗位相关的工作会议并做报告

注　管理岗和其他专业技术岗发表论文的目的是促进教职工对本职岗位工作职责的思考,学校管理制度的制定不仅仅需要实践经验,更加需要学理和法理支撑,因而笔者认为对管理岗和其他专业技术岗的教职工进行论文撰写和发表的考核是必需的。这里的继续教育指参加继续教育活动,既包括接受培训也包括对他人进行培训。

2. 评价程序

人事处或者教师发展中心组建维护教师发展规划的信息化管理平台,每年年初引导全体教师结合教师职业生涯发展标准、职称评审条件、聘期考核标准和岗位职责要求对个人年度工作进行规划,并在平台中录入相关信息。科技处完善科研项目管理平台,数据与教师发展规划管理平台共享和对接。每年年末,全体教师进入管理平台,结合个人表现填写个人工作总结,由部门负责人对教职工的年度工作表现进行评价,二级学院根据相关管理办法对教师的年度工作表现进行综合评价。人事处和教师发展中心每半年对教师的年度工作完成情况进行分析,对教师的发展需求进行总结和分析,并及时组织相关部门提供

相关服务。每个聘期结束以后，人事处组织对全体教职工进行聘期考核。

3. 评价结果运用

人事处每年对考核优秀的教师进行表彰和奖励，对聘期考核基本合格和不合格的教师进行预警，督促其改进质量，或者根据个人申请对其进行岗位调整，对连续两个聘期考核基本合格的教师进行强制转岗，对连续两个聘期考核不合格的教师不予续聘。科技处配合人事处每年对获得重大科研成果的教师及时根据科研管理和奖励办法进行绩效奖励。

人事处通过信息化管理平台跟踪教师的发展情况，对符合“双师型”的教师进行认定和重新认证；对符合骨干教师和教学名师发展标准的教师进行认定和奖励，并列入重点培养清单进行重点培养，配套培养项目管理办法和经费管理办法；结合聘期考核，评选校级优秀教学团队，并配套培养项目管理办法和经费管理办法进行重点培养。

第八章　学生层面的质量保证与评价

从新公共管理的角度来看,学生是教育服务的购买者。为学生提供舒适的学习生活环境和优质的教学资源是学校提供教育服务和保证服务质量的责任与义务。从新公共服务和新公共治理的角度来看,学生是教育教学活动的主体之一。学习是通过学生的主动行为发生的,教师教是影响学习成果的因素之一,学生学才是决定学习质量的主因。教师作为发现者、引导者和合作者需要诊断学生的学习状态,根据学生个人志向和爱好启发学生认识自我、明确目标和自主学习,成为学生的学习伙伴与学生共同进步。学生层面的质量保证即为满足学生全面发展和个性发展、体面就业的个适质量要求,质量评价即为保证学生成为社会主义建设者和合格公民的外适质量的需要。

第一节　学生层面质量保证的内容

一、学习和生活环境

高职院校培养的是高素质的技术技能人才,每个专业的课程体系中都会包含大量的实践课程,偏理论的课程基本也都在进行“理实一体化”改造。学校为帮助学生理解以及进行技能训练,为提高人才培养质量,需要为学生提供各种实训教学的场所以及配备足够数量的教学实验仪器设备,并且需要及时更新设备与企业实际生产保持同步。

在高等教育的精英化阶段和大众化阶段,学生迫于无学可上的压力因而选择学校和专业的权力比较小。随着经济和社会的发展,高等教育进入普及化的阶段，学生拥有比较大的学校和专业的选择权利。高职院校和学生的教育供需关系由"卖方市场"向"买方市场"转变，学生不仅仅关心学校的学习环境和学习氛围，对生活环境的舒适度要求也日益提高。所以高职院校在内涵式发展增加人力资本投入和内部治理改革力度的同时需要增加对学生校园学习和生活环境改造的力度。

二、发展机会

尽管我国经济发展得到世界的关注和认可，但是贫困大学生占在校生的比例仍然比较高，尤其是来自云南、新疆、西藏、宁夏等西部地区的学生普遍需要资助。资助就是精准扶贫，帮助经济困难家庭解决子女受教育的经济问题；资助就是精准扶智，帮助贫困大学生解放思想，打破固化思维，为脱贫提供智力支持；资质就是精准脱贫，帮助贫困大学生完成学业提高就业能力，提高就业质量，增加家庭收入。我国已经形成了"奖、助、贷、勤、免"的学生资助体系，从政策层面来分析，贫困大学生应该可以得到资助机会，但是从各校资助工作开展的实际来分析，贫困大学生由于家庭经济困难属于社会弱势群体范畴，又处于非常敏感的青春期阶段，非常在意周围同学、社会群体等对自己的尊重和评价[1]，具有比较强烈的自卑心理，同时个体的教育经历导致其缺乏有效表达的能力，相当一部分贫困大学生失去了获得各种资助金的机会[2]。很多贫困大学生会通过兼职活动来填补经济空缺，但是简单的低技术含量的兼职劳务活动会挤占大量的学习时间且对提高劳动技能并无太大帮助，资助是实现需要帮助的贫困大学生获得经济后盾的保证，是全体学生获得平等发展机会的保证。

三、综合素质和实践能力

高职教育就业率高和就业质量低的矛盾一直是各高职院校需要解决的问

---

❶ 曲绍卫，汪英晖．大学生资助对德育水平、学业成绩和就业质量的促进作用[J]．中国高等教育，2018(5)：24-26.

❷ 薄存旭．论精准助学贫困大学生：贫困生成机理及助学行动导向[J]．高等教育研究，2018(6)：26-35.

题,学生体面就业是高职院校办学的基本方向之一,要实现学生体面就业,必须提高每一个学生的综合素质和实践能力,提高每一个学生的就业竞争力。培养学生的综合素质和实践能力是指以社会主义核心价值观为引领,提高学生的情绪管理能力、人际交往能力、团队协作能力、环境适应能力、个体认知和评价能力、知识和技能的运用能力、知识和技能的迁移能力、终身学习能力、职业精神、抗挫折能力、责任感和使命感、创新精神等。

学生个体的综合素质和实践能力包含的因素非常多,各因素综合作用最终影响学生的就业质量。学校在人才培养的过程中不仅仅需要通过课堂内外的各种形式的教育帮助学生全面发展,还需要根据不同专业、不同性别、不同教育背景、不同区域文化背景的学生设计不同的培养模式。影响学生就业质量的因素众多,有的因素起主要作用,所以学校需要引导全体学生在三年有限的学习时间里面优先培养影响就业质量的主要素质和能力,培养终身学习意识和终身学习能力,不断提高自身综合素质和能力。

四、个性化发展

每个学生的兴趣爱好、性格特征存在差异,每个学生的受教育经历、生活经历也存在差异,这些差异导致学生需求的多样性。高职院校进行人才培养的过程中需要尊重学生对于教育质量的多样性需求,为学生个性化发展创造条件。学校在制定专业的人才培养方案的过程中需要考虑学生的个体差异,将规定动作和自选动作有机结合。首先是优化课程体系,保证学生专业毕业需要掌握的基本知识和技能的学习,同时增加学生的弹性学习空间,提供分层次、分类别、多样化的课程选择。其次是为学生个性化发展提供各种学习资源和展现自我的平台,学生可以根据自己的兴趣爱好和发展目标,自由选择感兴趣的课程,制定个人学习计划。然后是促进学分银行的建设和学分制的改革,学生可以根据个人偏好选择授课教师、上课时间,自主安排学习课程和学习进度,以及满足学生转专业学习或者转校学习的需要。最后是引导学生根据个人特点锻炼动手实践能力,鼓励学生掌握基本专业实践技能的同时学习更多相关技能。

第二节 学生层面的质量保证体系

一、保证体制

学生层面的质量管理同样也分为学校层面的宏观管理和二级学院层面的微观管理。

1. 宏观质量管理

学生层面的宏观管理主要由学工处、团委、招生就业处、教务处、组织部和宣传部负责。各职能部门作为宏观管理部门为二级学院各项学生教育和管理工作提供制度供给。学工处负责制订学校各项学生管理的办法,包括奖学金和助学金管理办法、学生管理条例等。团委负责组织学校层面的社会实践与志愿服务、思想政治与道德素养教育、文体艺术、技能训练等各类活动,制订学校学生社团管理办法,与人事处共同协商制订学生社团指导教师管理和奖励办法等。招生就业处负责全校范围内的就业指导和就业咨询服务,负责就业指导服务中心和创业园的管理。教务处负责制订学生的校级层面的专业技能比赛的管理办法,组织各二级学院开展专业技能比赛。组织部负责管理和监督学生党员的发展工作。宣传部负责抢占新媒体的舆论高地,指导、管理和监督学校各类型学生管理的信息发布平台的常规工作,引导学生做好宣传工作,传播正能力。

2. 微观质量管理

学生层面的微观管理主要由二级学院负责。二级学院配合学校各职能部门开展学院范围内的学生思想政治教育、文体、技能拓展训练和比赛、助学管理等各项活动。

二、保证机制

1. 优化学习和生活环境

随着国家经济发展,人们可支配收入的提高,物质生活质量越来越高,人民向往更加舒适的生活。学校必须不断优化校园的学习和生活环境以满足学生对舒适生活的向往。1992 年 5 月,国家建设部、发改委、教育部颁布《普通高等学校建筑规划面积指标》,1992 版标准颁布了 26 年,各高职院校的建筑用房都已经达到了上限,不能满足学生对于舒适教学环境和生活环境的需求,时常可以在各类贴吧看到学生关于学校宿舍拥挤、教室破旧的抱怨。2018 年 4 月,由教育部组织重新编制《普通高等学校建筑面积指标》(简称 2018 版标准),经住房城乡建设部、国家发展改革委批准发布,自 2018 年 9 月 1 日起施行。2018 版标准为各高职院校优化校园学习和生活环境预留了足够大的改造和提升空间。学校应进行科学合理的规划并完善预算管理制度,逐年逐步不断投入基础建设经费优化学生学习和生活的环境,建设节能环保、采光透气的新教室,建设单间住宿人数少且卫浴、空调、洗衣机等设施齐备的宿舍楼,建设环境更宽敞、更舒适的食堂,布置充满人文气息和校园文化的景观小景,进行精致、优美的绿化改造和施工。

2. 深化资助育人

学生资助不仅是对学生进行学费和生活费用的经济援助,还是消除“贫困文化”的育人过程。贫困学生普遍存在习惯抱怨社会、“等、靠、要”心态、习惯被动迁就、自卑、习惯逃避现实的行为和心理。“贫困文化”会抑制贫困学生的主动学习和积极进取。学校需要搭建完善的学生资助体系,对贫困学生进行经济援助、学业辅导、心理疏导和就业指导全方面地资助。

首先,资助育人是要完善经济困难认定机制,实现资助公平和精准资助。制定困难学生的认定标准和程序,建立合理的评估模型,根据贫困认定结果确定贫困程度、类型并制定个性化的资助方案,调整资助政策和模式。建立资助的监督机制,确保资助认定工作的公开、公平和公正。建立动态调整机制,对受资助学生的消费情况和行为习惯进行定期评价,对于学生骗取资助和使用资助经费不符合规定的行为及时进行教育以及取消相应资助资格,及时将家庭因病或突发事件致贫的学生纳入资助对象。

其次，资助育人是完善学业辅导机制。资助的主要目的是使贫困学生获得平等学习的机会，是帮助他们顺利完成学业。搭建学业辅导和支持体系，对基础薄弱的学生开展基础课程的辅导，辅导的形式可以是单独组班也可以是网络课程学习。设置学业发展中心，同时发挥国家奖学金、国家励志奖学金、企业奖学金等各种奖学金的激励导向作用，引导贫困学生努力学习，积极参加学校各类教学科研活动和技能比赛，帮助贫困学生进行学业规划和完成学业。

再次，资助育人是完善心理疏导机制。贫困学生普遍存在不同程度的将自己的不良生活状态过多的归因为外在因素、抱怨社会和社会制度、习惯"等、靠、要"、希望出现政策奇迹般的迅速改变生活、不思进取、得过且过、消极避世的心态，这些心理不利于形成健全的人格，容易造成人格扭曲，使他们产生偏激和过激行为。学校需要密切关注和分析贫困学生的心理状态，及时发现问题对象并给予疏导，做好预防工作。除此之外，对学习压力和还贷压力过大的贫困学生给予更多的人文关怀，帮助他们完成学业、提高技能、增强就业信心、缓解压力、保持心理健康。

最后，资助育人是完善就业指导和能力培养机制。通过学业发展中心、就业服务和指导中心帮助贫困学生进行学业规划、职业规划和能力提升项目设计，在就业需要具备的专业技术能力、沟通表达交流能力、情绪管理和控制能力、终身学习能力等方面进行针对性的训练，提供各种锻炼能力的平台。加强对贫困学生的就业信息和就业岗位的推送，将资助工作与就业工作有机结合起来，打通困难学生顺利毕业与职业发展的"最后一公里"❶，学校内部设置更多对综合素质要求更高的勤工助学岗位，外部与企业加强联系与合作提供企业兼职勤工助学岗位。

3. 建设第二课堂

第一课堂是人才培养的主战场，第二课堂作为第一课堂的补充是培养学生的综合素质和专业实践能力以及促进学生个性化发展的主阵地。第二课堂在

❶ 曹国永．把资助工作与育人工作更加有机结合起来[J]．中国高等教育，2016(9)：18-21.

激发学生学习兴趣、培养学生实践能力、合作能力、创新精神，实现学生个性化教育等方面，都具有不可替代的作用，也是实施创新创业教育的重要渠道。[1] 第一课堂有完整的课程体系有明确的实施方案。第二课堂也应该制定具体的可操作可实施的完成教学计划，作为第一课堂的延伸和补充，除了进行学生思想政治教育工作，还要促进学生专业学习和综合素质提高。

高职院校专业的教学计划基本是大一进行公共基础课程和部分专业基础课程的教学，大二第一学期进行部分公共通识教育课程、专业基础理论课程和实践课程的教学，大二第二学期进行部分公共通识教育课程、专业核心理论课程和综合实践课程的教学，大三第一学期进行专业核心课程和综合实践课程的教学，最后是定岗实习和毕业设计。第二课堂的建设应该配合第一课堂，结合第一课堂的学习进度安排适当的活动，坚持必修+选修的原则，引导学生自主选择相关活动并进行实践。第二课堂同第一课堂，应做到活动安排有计划、有组织、有考核。

首先，完善第二课堂建设是将第二课堂教学系统化，可以参照第一课堂，编制第二课堂教学计划，根据每一个专业分别制订独立的教学计划。大一的活动安排以思想政治教育、心理健康教育、情绪管理能力学习、表达沟通交流能力训练、知识拓展和思维训练等为主，大二的活动以职业精神和职业道德学习、职业生涯规划能力锻炼、创新创业知识学习、团队合作锻炼、专业技能训练和技能比赛等为主，大三的活动安排以求职能力学习、专业技能训练、敬业精神培养等为主。在专业的人才培养方案中指定专业毕业需要多少第二课堂的学习学分。学校通过构建学生个人发展规划平台，要求学生结合第二课堂教学计划每个学期自主增加第二课堂的学习内容，于学期期中和期末组织专职教师负责进入系统对每个学生的学习情况进行监督和考核，对考核合格的学生进行学分的认定。

其次，完善第二课堂建设是要将各类活动社团化和课程化。为保证第二课

---

[1] 张德江．坚持内涵式发展实施优质教育[J]．中国高等教育，2018(20)：33-35.

堂课程的有序以及学生的自主选择和参与，不以班级为单位进行强制活动安排，以社团活动的模式进行。学生自愿报名参加感兴趣的社团，社团安排相应的课程学习内容和组织相应的活动，社团配备指导教师，由指导教师进行社团活动的课程设计和学生学习结果的考核。学校需要完善社团管理办法和社团指导教师的激励办法。为强化社团对于促进专业技能学习和训练的功能，学校可以要求每个专业围绕专业的核心课程成立相应的技能训练社团，由课程主讲教师担任社团指导老师，完善实验实训室开放管理制度，学生自主选择感兴趣的技能训练项目参加相应社团进行课外学习和强化训练。

最后，完善第二课堂建设是完善实施和考核。社团指导教师需要提供相应的书面和电子学习资料供学生进行自学；设置活动任务，活动任务包括学生独立完成的和需要团队合作完成的内容；明确考核评价内容和标准，考核形式以口头交流和动手实践为主；根据学生学习情况进行打分。学生通过选课的形式在个人发展规划平台中选择感兴趣的社团，成功选择后可以进系统查看学习内容和进程安排，提交学习要求的书面作业和学习心得，查看学习评价。

4. 开发学习资源

高职院校的学生普遍缺乏学习的主动性和积极性，在日常的教育教学活动中教师在教学和管理的过程中需要激发学生学习的主动性和积极性，发挥学生个体的主观能动性和创造性。学生学习缺乏热情的根源之一是学生对于学习内容不感兴趣，所以学校需要为学生提供各种学习资源，引导学生进行学习，激发学习热情。

抖音能够快速走红，成为老中青都爱使用的 APP，因为其内容各式各样，并能吸引不同年龄段的人的兴趣。所以学校可以通过建立学生第二课堂的学习管理平台——学生个人发展规划平台，在平台中提供各种书面、电子、视频学习资料，比如学生活动视频、学生完成的各种作品的照片、教师的知识点讲解和技能示范视频等，吸引学生的关注和调动学生参与的热情，各社团的学习资料也可以供全校范围内的学生进行查阅、观看和学习。

为强化学生的专业知识和技能的学习，除了传统的增加图书馆的馆藏资源的建设,学校还可以利用网络在线学习平台开设各种SPOC课程,供各专业的学生结合个人兴趣和就业目标对专业相关的知识、技能以及各通识教育内容进行课外补充学习。为强化学生的专业实践能力和提高就业竞争力,学校可以通过强化校企合作,引入企业在学校中搭建培养基地和平台,在真实环境中培养应用型人才,如美国的密苏里大学新闻学院通过与美国专业组织机构合作,在学校里面设立“调查报道记者和编辑组织”“计算机辅助报道全国协会”、全国报纸协会等❶,学生通过加入这些组织完成真实的实践活动来提高专业实践技能。

第三节 学生层面的质量评价体系

一、学生发展质量的评价趋势

1. 从关注结果到关注过程

过去高等职业院校人才培养工作评估只关注学生就业率。以就业率作为学生发展质量评价的主要标准不利于学校人才培养质量的持续提高,就业率高不等于就业质量高,提高学生的就业质量和提高人才培养质量与行业企业需求的匹配度是学校持续改进的目标,需要建立常态化的内部监控和保证体系,评价教育教学各项活动的内容质量、过程质量和效果质量。通过教师课堂内外的教学、管理和服务引导学生提高学习的投入度是提高课堂教学质量、专业人才培养质量的主要工作。2018年教育部评审遴选出全国职业院校实习管理50强案例,2019年又遴选出教学管理和学生管理两个50强案例,说明国家开始重视职业教育过程质量的评价。向过程要质量是高职院校内部质量保证的内在要求。

---

❶ 严三九,南瑞琴. 一流学科建设的制度研究——以美国哥伦比亚大学新闻学院和密苏里大学新闻学院的学科制度变革为例[J]. 华东师范大学学报(教育科学版),2017(6):95-106,156.

2. 从关注在学发展质量到关注职后发展质量

学生的就业质量并不能在学生刚离开学校、步入社会以后立刻通过观察和测量来进行评价。学生毕业之前技能证书的获取情况、英语等级考试情况、参加各类比赛的获奖情况、是否入党等都是在学发展质量。近几年,国家开始进行对口就业率和半年后二次就业率的统计,尽管这样的统计对学生毕业就业率提高有一定的作用,对预防学校进行就业率上报作假也有一定的监督作用,但是仍属于评价在学发展质量的范畴。部分高职院校近几年开始在部分专业进行毕业生就业质量的持续跟踪调查,进行统计学生毕业后三年的薪资水平和调查用人单位对毕业生的满意度等工作,开始关注学生职后发展质量的评价,通过数据对比分析寻找教育教学活动存在的问题,从而不断改进办学质量。

3. 评价视角多元化

社会取向和人本取向是高职教育质量评价的两个主要价值取向。社会取向是以市场和社会需求为导向,以满足行业企业、学生和家长的需求的达成度来衡量质量的高低;人本取向关注学生个体的全面发展和个性化发展,关注学生在接受教育过程中的学习体验。过去高职的教育理念都是以就业为导向,强调社会取向的价值观,在课堂评价中主要评价教师教学的能力,通常人们的议论都是“某某老师讲课精彩”“某某老师 PPT 做得漂亮”“某某学校某某专业的学生大二就跟企业签订就业合同”诸如此类。现在以学生为中心的教育理念更加强调人本取向的价值观,要求教师课堂教学能够关注每一个学生的课堂表现,激发所有学生的学习热情并增加学习的投入度,要求专业人才培养体系能够培养学生自主学习和终身学习的意识及能力,能够培养学生使其具有一定的抗压能力和良好人际关系处理能力,能够培养学生创新精神和创新意识。

4. 关注学生的满意度

“办好人民满意的教育”首先是提高直接利益相关者学生的满意度,学生应当成为学生发展质量的评价主体,以评价满意度以及其他各方面。学生的满意度主要考量的是学生对学校教育教学活动的条件、内容、水平与质量的主观评价，其主要参照系是学生的主观感知，主要观测点是教育“输入”及其“过程”。这里的“学生”既包括在校生，又包括毕业生。[1] 学生的满意度不仅包括对显性的教室设施、图书馆的资源、食宿条件、规章制度等显性要素的满意度，还包括对教师的教学过程、师生关系、学生关系、自我发展认知等隐性要素的满意度。进行学生学习满意度的调查和评价是学校不断优化学习和生活环境的重要依据，是教师优化课程设计的重要依据，是专业优化人才培养目标和方案的重要依据。学生对教育教学活动的满意度的提高会激发他们增加学习的投入度，学生学习投入度的提高会促进学生学习成果的产生，学习成果能够提高学生学习的获得感和满意度，从而实现良性循环。

二、学生发展质量的评价原则

1. 全过程全方位评价

为保证学校人才培养质量的提高，做到全员全过程全方位育人，需要对学生从入校到毕业到职后发展进行全过程全方位评价，在不同的时间节点由不同的评价主体采用不同的评价方式对学生进行评价。在新生入学之后，对新生进行家庭经济能力、基础知识掌握程度、交流表达能力、集体生活适应能力等做出评价作为资助和宿舍安排等管理活动的依据。在校学习过程中，学生第一课堂的学习质量评价由任课教师具体负责，第二课堂学生在知识、能力、情感、意志品质、创新精神等方面的评价定期由学生自评和社团活动指导教师以及相关专职教师完成。职后发展由学校相关部门负责或者委托第三方机构负责进行评价。

2. 实时和间接评价

使用调查问卷和进行个体的访谈以及群体的茶话会是对学生在校生活、学习情况调查和评价的最常见的方法。但是这些方法存在明显的弊端，学生由于

---

[1] 章兢，廖湘阳. 以学生发展为导向　建立高等教育质量评价与监控体系[J]. 中国高等教育，2014(1)：32-34，40.

害怕说实话被报复或者遭受嘲笑等原因会在填写问卷和谈话过程中对真实想法进行掩饰。所以学校在评价过程中为了获取真实的信息以保证评价结论的信度和效度，需要尽可能地采用间接观察和评价的方法，通过分析学生日常生活和学习各项活动的行为表现，结合各方面信息和数据进行定性和定量评价。需要利用信息技术构建学生管理的大数据管理和分析平台，为每一个学生建立在校学习档案袋，在档案袋中可以看到每个学生在宿舍停留的时间、食堂和超市消费的情况、图书馆学习情况等，引导学生在个人发展规划平台中尽可能多的提交学习心得体会、学习和阅读书目的内容等等信息。学校通过结合教师对学生各项活动的评价和学生个人生活和学习记录实现大数据分析，结合大数据分析形成报告决定是否需要进行个别的约谈来进一步确认评价结论和引导学生发展。

3. 评价主体多元

以学生为中心的理念重视学生的学习体验，学生是教育教学各项活动的评价主体之一。学生参与评价有助于教师能够更加全面的掌握学生的发展情况。学生对自身发展情况进行客观评价是对自我认知能力的锻炼，也是学生锻炼自我发展规划能力的基础。教师是学生输入质量、过程质量和输出质量的主要评价主体，教师可以参考学生的自评结论来评价学生的自我认知能力，对学生的真实想法可以有更加直观的了解，有利于对学生各阶段的表现进行全方位评价。学生的职后发展评价由于信息收集的不便，学校可以委托企业或者委托第三方机构进行，学生职后发展评价的时间应不少于 3 年，因为所有人都有一个职业的适应期，企业也需要一个过渡期来观察学生的表现和判断学生的能力以及价值。

三、学生发展质量的评价体系构建

1. 评价标准

学生发展质量评价包括学生入学时的输入质量评价、在学发展质量评价和职后发展质量评价。坚持多元主体参与评价的原则，学生发展输入质量评价和在学发展质量评价由学生自评和教师评价构成，职后发展质量评价由企业或者第三方机构负责。所以学校需要制定学生自评表、学生输入质量评价标准和学生在学发展质量评价标准。

(1)学生自评。学生自评是帮助学生进行自我认知和职业生涯规划的一种有效途径。“我是谁”“我在哪”和“我要去哪里”是每个人都必须不断思考的问题。根据社会对于学生综合素质和实践能力的要求以及培养学生自我认知和职业生涯规划能力的要求，笔者从职业认知、综合素质和实践能力三个维度设计学生自评表，具体内容见表8-1。

表8-1　学生自评表

<table>
<tr><th>维度</th><th colspan="2">指标</th><th>等级</th><th>自评等级</th></tr>
<tr><td rowspan="3">职业认知</td><td colspan="2">1. 你喜欢自己的学习的专业吗</td><td>A. 非常喜欢　B. 喜欢　C. 一般　D. 不喜欢　E. 很不喜欢</td><td></td></tr>
<tr><td colspan="2">2. 与专业相关的职业有哪些</td><td colspan="2">请详细回答</td></tr>
<tr><td colspan="2">3. 你最喜欢的职业是什么？最想去的单位有哪些？你对岗位的能力需求是否了解</td><td colspan="2">请详细回答</td></tr>
<tr><td rowspan="7">综合素质</td><td rowspan="4">表达沟通能力</td><td>1. 口头表达能力</td><td>A. 很好　B. 好　C. 一般　D. 不好　E. 不理想</td><td></td></tr>
<tr><td>2. 书面表达能力</td><td>A. 很好　B. 好　C. 一般　D. 不好　E. 不理想</td><td></td></tr>
<tr><td>3. 英语表达能力</td><td>A. 很好　B. 好　C. 一般　D. 不好　E. 不理想</td><td></td></tr>
<tr><td>4. 团队沟通能力</td><td>A. 很好　B. 好　C. 一般　D. 不好　E. 不理想</td><td></td></tr>
<tr><td rowspan="3">信息管理能力</td><td>1. 电脑操作和常用软件使用能力</td><td>A. 很好　B. 好　C. 一般　D. 不好　E. 不理想</td><td></td></tr>
<tr><td>2. 运用互联网查找专业的学习资源的能力</td><td>A. 很好　B. 好　C. 一般　D. 不好　E. 不理想</td><td></td></tr>
<tr><td>3. 合理规划自己的上网时间的能力</td><td>A. 很好　B. 好　C. 一般　D. 不好　E. 不理想</td><td></td></tr>
</table>

续表

维度	指标		等级	自评等级
综合素质	创新创业能力	1. 创新能力	A. 很好　B. 好　C. 一般　D. 不好　E. 不理想	
		2. 创业知识储备	A. 很好　B. 好　C. 一般　D. 不好　E. 不理想	
		3. 创业技能储备	A. 很好　B. 好　C. 一般　D. 不好　E. 不理想	
		4. 决策能力	A. 很好　B. 好　C. 一般　D. 不好　E. 不理想	
	身心健康	1. 抗压能力	A. 很好　B. 好　C. 一般　D. 不好　E. 不理想	
		2. 平衡学习和生活的能力	A. 很好　B. 好　C. 一般　D. 不好　E. 不理想	
		3. 情绪控制能力	A. 很好　B. 好　C. 一般　D. 不好　E. 不理想	
		4. 身体健康	A. 很好　B. 好　C. 一般　D. 不好　E. 不理想	
	终身学习能力	1. 批判性思维能力	A. 很好　B. 好　C. 一般　D. 不好　E. 不理想	
		2. 有效学习方法运用能力	A. 很好　B. 好　C. 一般　D. 不好　E. 不理想	
		3. 学习意识	A. 很好　B. 好　C. 一般　D. 不好　E. 不理想	
实践能力	专业能力	1. 专业知识的运用能力	A. 很好　B. 好　C. 一般　D. 不好　E. 不理想	
		2. 专业技能的运用能力	A. 很好　B. 好　C. 一般　D. 不好　E. 不理想	

注　学生自评表需要学校指定教师负责指导学生进入管理系统客观填写,系统可以根据填写内容生成六维评价图。

(2)学生输入质量评价。学生输入质量评价主要包含两个方面内容:一是贫困生的认定;二是学生的综合素质的评价。学生综合素质的评价可以结合学生自评表和入学后的心理健康测试等评价进行综合判断。

(3)学生在学发展质量评价。从学校的角度来分析,作为高职院校的一个合格的毕业生首先表现为其通过了所有课程的学习,其次表现为其掌握了若干项技能并获得了相应的技能等级证书,最后表现为其身心健康且社会关系融洽,在用人单位的试用期表现良好成为正式职工或者独立创业基本能够自给自足。从用人单位的角度来分析,作为一个合格的职工应该具有一定的自学能力和可迁移能力,应该能够胜任多个岗位的工作并能出色地完成相应的任务。所以根据以上判断标准,可以将高职院校学生发展质量从以下几个方面进行综合评价:课堂学习成绩与表现、社团活动表现、勤工助学与社会兼职表现、社会实践与志愿服务表现、技能训练与创新创业活动表现和集体生活与个人管理。学生在学发展质量评价标准详见表8-2。

表8-2　学生在学发展质量评价表

维度	观测指标	参考依据	权重
专业课程学习成绩与表现	1. 课程学习成绩	个人成绩单	50
	2. 奖学金的获得情况	表彰文件	
	3. 积极参加评教的情况	评教记录和课程评价调查表的填写记录	
社团活动	1. 专业指定社团活动(读书、体育运动等)的参加情况	社团活动记录	10
	2. 个人自主参加非指定社团活动的情况	社团活动记录	
勤工助学与社会兼职	1. 参加校内勤工助学的情况	学校常规管理的记录	5
	2. 参加校外勤工助学的情况	学校常规管理的记录	
	3. 校外社会兼职的情况	学生个人的生活记录和总结	
社会实践与志愿服务	1. 个人自主进行的社会实践的活动情况	社会实践活动记录	10
	2. 参加学校组织的社会实践的活动情况	社会实践活动记录	
	3. 参加志愿服务社团的活动情况	社团活动记录	

续表

维度	观测指标	参考依据	权重
技能训练与创新创业活动	1. 参加技能训练社团的活动情况	社团活动记录	15
	2. 参加各类竞赛的获奖情况	表彰文件	
	3. 参加创新创业训练社团的活动情况	社团活动记录	
集体生活与个人管理	1. 宿舍卫生情况,没有出现特别脏乱的现象	学校宿舍管理的常规记录	10
	2. 没有出现在宿舍和课堂扰乱生活和教学秩序的行为	学生个人档案	
	3. 经常去图书馆借阅书籍	图书馆借阅书籍的记录	
	4. 利用网络课程资源主动学习	SPCO 课程的学习记录	

注　表中所列活动并不是每个学生都需要参加,学生可以结合专业人才培养方案的要求根据个人发展目标自由选择。

2. 评价程序

在学生入学之后班主任需立刻对其进行入学教育,告知学生学校相关的学生管理制度和学生关心的政策如奖、助学金认定办法等,提供专业相关的基本资料和专业相关的就业信息供学生自学,教会学生相关管理平台如学生个人发展规划平台、教务管理系统等的使用方法。在学生入学一周内班主任要求学生进入个人发展规划平台完成个人输入质量的自评、贫困认定、心理健康问卷填写等任务。由相关教师结合学生填写的内容进行综合评价,形成质量报告,以作为指导学生发展和帮助学生个性化发展的依据。

每个学期结束之前,学校指定专人督促学生进行学习体验的总结和个人综合素质及能力的自评。学期结束之后,下一个学期开始之前,学校指定专人负责查看学生的总结报告、自评表以及学生在学质量评价各维度的表现,对学生新学期的发展提出建议并进行学分认定,对需要进行学业预警的学生及时告知。

在学生毕业之际,学校指定专人督促学生对 3 年的学习进行全面总结和个人综合素质及能力的自评，并指定专人负责参考学生的总结报告、自评表对学生进行全面的在学发展质量的评价并形成评价报告，为学生的职后发展提出建议。

3. 评价结果运用

学工处根据贫困认定结果为需要进行资助的学生安排经济援助、学业辅导、心理疏导和就业指导等活动。教务处对第二课堂学习没有及时获取学分的学生进行学业预警。教务处、学工处、团委、招生就业处根据外部的学生职后发展质量评价结果进行诊断，提出人才培养的改进方案并持续改进。

第九章　高职教育内部质量保证评价体系的元评价

学校为保证人才培养质量的不断提高,在学校、专业、课程、教师和学生五个层面构建内部质量保证体系,为确保和验证保证体系的正常运行和高效运行,在不同的层面针对不同的管理对象需要设计各种各样的评价机制。这些评价机制是否有助于学校办学质量目标的实现,是否有助于促进师生的全面发展,是否能够提高师生、行业企业、社会和政府这些利益相关者的满意度,所以需要对评价机制进行评价。对评价的评价称之为元评价。

第一节　元评价理论

一、元评价的内涵

美国斯克瑞文(Scriven)教授最早提出了元评价的概念,他认为元评价是对评价活动、评价机制和评价工具的评估,他表示元评价是第二级评价。一些学者对元评价概念进行了更加深入的解释说明。斯塔弗尔比姆(Stufflebeam)认为元评价即针对评价的效用、可行性、适用性、准确性、评价制度、评价人员的能力、评价过程中是否尊重被评价者进行叙述性和判断性资料描述、收集和使用的过程,目的在于指引评价活动并公布评价的优缺点。[1]

在教育评价领域,我国学者袁振国认为:再评估是指按照一定的标准或原

[1] Stufflebeam D.L.The Meta-evaluation Imperative[J]. American Journal of Evaluation,2001,22(2):183-209.

则对教育评价工作本身进行评价的活动，其目的是对评价工作的质量进行判断，规范与完善教育评估，充分发挥评估的积极功能。[1] 方鸿琴认为元评估应该从整体上对原评估(primary-evaluation)实施过程的各个部分及结果进行全面、深入的反观、考察，并遵照一定的原则、标准及程序，对其信用度和效用度做出客观、科学、全面的整体性评判与估价，得出评估结论，督促其工作质量，衡量其整体价值。它对于评价和提高原评估信息的各项质量指标(如真实性、全面性等)；对于保障各方原评估信息使用者的权益；对于评估及评估机构地位和信用度的确立；对于教育评估体系运作的规范化、标准化具有举足轻重的意义[2]。

二、元评价的标准

元评价的目的是引导、保证、提高评价活动的质量，各种评价活动都需要评价标准，同样，元评价也需要确定标准。这里介绍在北美地区影响较广的由教育评价标准联合委员会(JCSEE)发布的项目评价标准，该标准一直在不断更新和完善，目前已更新到第三个版本，具体内容见表 9-1。

表 9-1　JCSEE 的项目评价标准(第三版)

维度	观测指标
效用标准	1. 评价者可信度：评价应由在评价环境中建立并保持可信度的合格人员进行
	2. 关注利益相关者：评价应该关注投资于该计划并受其评价影响的所有个人和团体
	3. 谈判目的：应根据利益相关者的需求确定评价目的并不断进行谈判
	4. 明确价值观：应明确和叙述评价目的、过程和价值判断所遵行的理论依据和价值观
	5. 相关信息：评价信息是利益相关者关心和需要的
	6. 有意义的过程和产品：通过构建、描述和价值判断的评价活动，能够鼓励评价对象重新发现、重新解释或修改其理解和行为的方式
	7. 及时和适当的沟通和报告：评价应持续关注其多个受众的需求信息
	8. 关注后果和影响：评价应提高责任心和自适性，同时防止意外的负面后果

[1] 袁振国．教育评价与测量[M]．北京：教育科学出版社，2001：203.

[2] 方鸿琴．国外教育元评估的分析及对我国的启示[J]．江苏高教，2004(1)：92-95.

续表

维度	观测指标
可行性标准	1. 项目管理:评价应使用有效的项目管理策略
	2. 符合实际的程序:评价程序应切合实际,并对计划的运作方式做出反应
	3. 文本的可行性:评价的规划实施需要考虑个人和团体的政治利益和需求,能够识别、监控和平衡利益冲突
	4. 资源使用:评价应有效和高效的使用资源
适当性标准	1. 回应:评价需要回应利益相关者
	2. 正式协议:应通过谈判确定评价协议,明确义务,并考虑利益相关者的需求、期望和基础情况
	3. 尊重人权:评价的设计和实施以保护人权和法律权威为基础,维护参与者和其他利益相关者的尊严
	4. 明确且公平:满足利益相关者的需求和目标,评价应该是可以理解的并公平的
	5. 透明:正常情况评价活动应向所有利益相关者提供对结果、限制和结论的完整描述,除非这样做会违反法律和适当义务
	6. 利益冲突:评价活动应公开、公正的识别和解决可能影响评价结论的实际或感知的利益冲突
	7. 财政责任:评价活动应考虑所有资源的消耗,并遵守健全的财政程序和流程
准确性标准	1. 合理的结论和决定:评价活动应适应文化和背景等环境要求,得出的评价结论和决定可以证明是合理的
	2. 有效信息:评价信息适用于预期目的并支持有效的解释
	3. 可靠信息:应为评价程序提供足够可靠和一致的信息以满足预期用途
	4. 明确程序和文本描述:评价活动需要详细的文本说明评价的背景、计划和目的
	5. 信息管理:应采用系统的信息收集、审查、验证和存储方法
	6. 评价技术设计和分析:针对评价目的设计和采用适当的评价技术和分析方法进行评价
	7. 明确评价结论:影响评价结论信息的收集和分析、评价结论、解释判断的依据以及评价结论如何得出等评价活动的情况应该清楚、完整地记录下来
	8. 沟通和汇报:评价活动中的沟通应具有足够的范围,并防止误解、偏见、扭曲和错误

续表

维度	观测指标
评价责任标准	1. 评价文档:应充分记录评价过程中的谈判目的、评价设计的实施情况、评价各种程序和各类数据信息以及评价结论
	2. 内部评价:实施评价的人员应使用适用的标准来检查评价设计、所采用的程序、收集的信息和评价结论
	3. 外部评价:应鼓励项目评价的发起人、评价对象和其他利益相关者使用适用标准进行外部元评估

资料来源:JCSEE 官网

JCSEE 除了发布项目评价标准,还发布了人员评价标准,用于指导和规范评价人员的评价行为,具体内容可浏览官方网站。美国评价协会(AEA)也制定了一套适用对象为评价人员的元评价标准,即《评价人员指导原则》。具体内容包括对评价信息的收集、评价者的能力、廉洁与诚信、尊重他人、承担的社会责任五方面的要求。在评价信息的收集中,美国评价协会要求评价人员应清晰的阐述评价的价值观、假设、理论和方法等,事先与评价委托人沟通,讨论评价可能遇到的问题,要求评价人员掌握评价信息搜集的技术标准等。在能力、廉洁与诚信方面,评价协会要求评价人员应具有较高的专业水平,并注重专业能力的发展。倡导评价人员在评价过程中坦诚地交流,如说明评价的优缺点、问题以及评价参与者的获益情况,表明存在的利益冲突,客观地实施评价,承担财务责任等。对他人的尊重主要体现在对评价参与者利益的维护,保护其隐私,认同他们在意志与自我价值、文化、性别、宗教等方面的差异等。最后,评价协会强调评价为社会与公众利益服务的功能,为此,应照顾到各方面的利益相关者,并听取他们的意见和建议,公正、合理的来处理利益冲突。[1]

[1] 章建石. 基于学生增值发展的教学质量评价与保障研究[M]. 北京:北京师范大学出版社,2014:180.

第二节　高职教育内部质量保证的元评价

元评价是依据一定的理论框架和价值取向对评价活动的质量进行评价。高职院校内部质量保证体系自身包含各种评价机制,这些评价活动是体系的局部自我诊断过程。如何提高各评价机制的信度、效度,如何提高各评价机制的满意度以促进质量文化的形成,如何提高各部门所提交的诊断报告的质量和提升自身总结问题、分析问题的能力,这些质量问题可以通过单个评价活动的元评价来解决。但是人才培养的质量是一系列相互独立又相互联系的保证和评价机制综合作用的结果,为提高高职教育人才培养内部质量保证体系的运行效果,促进体系诊断——改进的螺旋上升发展,学校首先需要遵循一定的原理和价值观统筹规划内部质量保证体系的设计和运行,然后需要依据一定的理论框架和模式对内部质量保证体系的运行效果进行评价,最后需要对内部质量保证体系运行效果的评价机制进行元评价。

一、内部质量保证体系各评价机制的元评价

高职院校内部质量保证五个层面包含多个评价机制,如学校层面的部门年度考核、规划中期发展评价、干部年度绩效考核等,专业层面的内部专业评价,课程层面的课程设计评价、课程实施评价,教师层面的职称评审、聘期考核等,学生层面的输入质量评价、在学发展质量评价、职后发展质量评价等,所有的评价的主要目标都是为了人才培养质量的提高,但是每个单独的评价活动由于负责部门和实施主体的差异会呈现出不同的价值取向。人事处负责对教职工个人绩效进行评价、组织部负责对中层干部的绩效进行评价、教务处负责对专业和课程建设的绩效进行评价、校办或者其他绩效考核办公室负责对部门绩效进行评价、审计和纪委也都依据各自分管内容对相应部门和人员进行评价和监督,这样就形成了多元共存的评价主体。各评价主体因为工作内容的区别所以

价值取向又呈现多元化,纪委和组织部倾向政治监督,财务、审计、人事、绩效考核办公室倾向内部控制,教务处因其对其他部门的管理强制约束力较弱则呈现出属性模糊的特征。

各评价活动内容和价值取向的多元化决定评价主体需要具备与评价活动相适应的专业能力以满足科学合理评价的工作要求。从高职院校各项管理活动运行的实际来分析,由于各评价主体专业背景和后期继续教育培训综合影响导致能力的非专业化,以及评价手段和工具的落后使评价活动效能差强人意。为提高各评价活动的质量,内部质量保证体系各层面的元评价的主要工作是审查评价人员、评价标准、评价程序和方法以及数据信息来源。

1. 评价人员

内部质量保证体系包含的评价活动很多,有的评价活动比较简单且涉及的评价对象也不复杂,有的评价活动程序比较复杂且涉及的评价对象丰富,所以并不是所有的评价活动都需要对评价人员进行再评价。对于相对简单的评价活动只需要保证评价人员符合资格标准,具有一定的专业背景和综合素质即可,可以从评价人员的学历和职称进行判断。对于相对复杂的评价活动,不仅仅需要保证评价人员的资质,还需要根据一定的标准对评价人员实施评价的过程进行监督和诊断,如评价人员是否与评价对象进行充分沟通以减少矛盾和冲突,评价人员是否尊重他人隐私并能够听取利益相关者的意见和建议等。

2. 评价标准

审查评价标准主要分析评价标准的适当性和合目的性。适当性和合目的性与价值取向相关。笔者认为评价标准的适当性最重要体现在评价的维度和各项指标是否有利于评价对象理解评价计划,只有评价标准符合评价对象中大多数人的价值观,评价对象才会认可评价计划,积极主动配合评价活动开展。评价标准的适当性可以通过观察评价实施之前以及评价实施过程中评价活动的发起者和评价人员是否与评价对象和其他利益相关进行了充分有效的沟通来进行判断。评价标准的合目的性则体现在评价标准是否与组织发展的总目标一致。以教师的年度考核和聘期考核为例,尽管高职不像本科存在所谓的学科竞赛,但是在追求绩效产出的大环境之下,高职院校教师的绩效考核标准也同样会有很多的量化指标,如论文发表、发明专利数量等,如果学校追求一流卓越的发展目标,而教师考核评价标准中论文、专利等考核指标的数量和质量要求却不高,那么该评价标准就不符合合目的性要求。

3. 评价程序和方法

审查评价程序和方法主要考察程序是否合规和完整、评价方法是否适当和有效。评价程序的审查主要是考察评价人员是否按照相关规定进行评价、是否及时和如实的记录评价过程、是否及时得出评价结论并按照程序进行公布以及反馈等。评价方法的审查主要是考察评价人员使用的评价方法是否科学有理论依据、使用的数据分析工具是否科学合理、对整理和总结分析得出的数据和报告是否能够做出合理解释、参考的数据信息来源是否可靠等。评价人员使用的评价程序和方法应能够减少分歧、平衡评价对象及利益相关者的利益冲突,应能够缩短评价的时间,应能够减少评价活动的资金投入,得出的评价结论应公正且合理。

4. 数据信息来源

审查数据信息来源主要考察数据的科学性和准确性。数据的科学性表现为数据采集及时、全面并且来源可靠。为提高数据的科学性,学校信息化管理应该能够实现在不侵犯评价对象的隐私权利的前提下多渠道的无感获取各类信息,并能够实现数据的汇聚。数据的准确性表现为评价人员根据评价目标使用恰当的分析工具并选择适当时间、标准范围内的数据进行分析,并能够剔除虚假的、异常的数据的干扰。

二、内部质量保证体系运行效果的评价机制

高职院校构建内部质量保证体系目的是实现科学管理,提高管理的效能,提高人才培养的质量。内部质量保证体系可以视为一个强校战略,但是如果没有一套规则来衡量战略以及具体行动的效果,战略的作用也就无处发挥并成为空谈。所以按照学校设想的原则和框架构建保证体系之后,体系是否能够有效运行,是

否能实现预期目标,如何评价体系的运行效果是应该关注和研究的问题。学校只有准确把握保证体系运行状况才能围绕学校的战略发展目标设计针对性的改进机制,实现体系诊断——改进螺旋上升发展,从而确保学校持续的高质量发展。

1. 多元价值观之间寻找平衡

学校在构建内部质量保证体系过程中,在不同层面基于不同的原理和不同的价值取向设计了多样化的保证机制和评价机制。首先,内部质量保证体系呈现出明显的基于KPI(Key Performance Indicator)绩效考核理念的管控色彩,通过学校战略发展目标到部门再到个人的层层分解,通过设立众多的标准(或者说诊断点、诊断要素),并尽可能的细化任务指标来实现标准从而强化对组织和个体的控制,再通过配套的与绩效挂钩的薪酬激励机制激发全员参与的动力,强调“结果导向”,重视绩效产出,带有强烈的工具理性。其次,内部质量保证体系呈现出基于OKR(Objectives and Key Results)的目标管理理念,强调“过程导向”和自我控制,重视目标实现,让工作更加灵活,鼓励创新,同时又试图回避目标无法或者不适合指标化的情况,防范KPI的不恰当使用产生工具理性的异化而引发风险。再次,内部质量保证体系呈现出基于新公共服务理念的“以师生为中心”的治理倾向,将满足学生需求表达、帮助学生全面发展、以人才培养为核心任务和服务教职工个人成长、帮助教职工自我实现为目标,在结果导向的基础上加上以师生满意的价值观,带有鲜明的价值理性色彩,试图通过提高全体师生参与的满意度激发全员参与的高投入,从而形成全员自发追求卓越质量、自主创新管理和教学方法的质量文化。

内部质量保证是多种保证和评价机制共同作用的结果,专业保证和评价是整个体系的核心,专业层面的质量保证和评价既需要学校层面各项保证体系提供制度保障、资金保障,也需要课程、教师、学生层面的评价体系提供相关结论作为参考,不同层面质量保证的价值取向不同,学校层面强调工具理性,专业和课程层面关注结果,教师和学生层面强调价值理性,因此内部质量保证体系必须在多元的价值观之间寻找平衡。内部质量保证体系运行效果的评价机制需要能够促进不同部门之间和不同利益群体之间的沟通交流,促进价值观的趋同。

2. 高校整体办学质量的评价

对内部质量保证体系运行效果进行评价其实质是进行大数据整合分析的过程,智慧校园所包含的各种信息化管理平台进行数据挖掘只是解决了技术层面的数据收集和整理问题,但是收集什么数据、如何整合数据的诊断方法和工具并不明确。国内对高校整体质量评价进行研究的学者并不多,这里介绍几个比较典型的研究成果。

针对本科院校,国内知名度比较高并且影响力比较大的评价体系有四个,分别是中国管理科学研究评价体系、艾瑞深中国校友会网评价体系、武汉大学中国科学评价研究中心评价体系和上海软科公司评价体系,这些评价体系的特点是注重采集绩效产出指标,评价体系的设计功能定位是作为本科学校排名的工具。也有从审视学校内部发展质量进行评价指标体系研究的,如大连理工大学高等教育研究院姜华等根据"输入—过程—输出"理论从知识、制度和人三个维度对学校进行评价,并借助用户画像理念,从三个维度对大学进行标签化描述,形成了"三维度+三阶段"的大学评价体系,每一个维度和阶段下又分为若干要素,评价结果不作价值判断,而是写实的"用户画像"❶。

针对高职院校,从学校排名的角度进行设计的评价体系比较著名的有中国科学评价研究中心、武汉大学中国教育质量评价中心和中国科教评价研究院共同制定的评价体系以及广州日报数据和数字化研究院评价体系,同样这些评价体系的评价指标也是以绩效产出指标为主,这些评价属于非官方的。2019 年教育部职业技术教育中心研究所发布了全国职业院校教学管理 50 强案例和学生管理 50 强案例。除了上述评价体系,袁益民结合审核评估提出使用综合评价卡作为写实性评估结论意见的一种标识和呈现方式,对高校内部质量保障状态的发展适应度、计划符合度、条件保障度等十个维度和各维度的五个达标程度的定性描述,并以坐标和曲线的形式直观表达院校所处的位置❷。上述评价体

❶ 姜华,苏永建,刘盛博,等."双一流"背景下构建高校评价体系的思考[J].中国高校科技,2018(7):7-11.

❷ 袁益民.综合评价卡:审核评估的新探索[J].常州大学学报(社会科学版),2015(6):82-86.

系都是针对学校整体办学质量进行的评价。此外,为完善中国高等职业教育质量年度报告制度,中国高等职业教育质量年度报告编委会(上海市教育科学研究院和麦可思研究院共同编制)编制的《中国高等职业教育质量年度报告》结合各校整体办学质量和局部层面的建设成效,发布"育人成效 50 强""教学资源 50 强""服务贡献 50 强""国际影响力 50 强"四个排行榜。

高职院校内部质量保证体系构建必须平衡多元的价值观,各学校必须结合学校自身发展的主要矛盾决定战略规划目标和价值取向。笔者认为可以借鉴平衡记分卡理论构建学校发展质量的评价体系。一个组织发展的平衡记分卡在构建过程中必须明确组织的使命、核心价值观和愿景,明确组织的核心价值观是明确组织发展愿景的前提,明确核心价值观的过程是平衡学校内部多元价值取向的过程,也是提出解决学校主要矛盾的总方针的过程。组织的发展愿景明确之后其战略目标也随即明确,平衡记分卡通过将组织战略目标在财务、顾客、内部流程和学习与成长四个维度进一步分解来明确组织战略目标的实现路径,从而来衡量组织战略规划的实施效果。高职院校构建内部质量保证体系是一个强校战略,通过引入平衡记分卡来衡量内部质量保证体系运行的效果可以帮助学校重新审视财务审计管理制度在组织管理中发挥的效用并完善相关管理制度,可以帮助学校更加重视利益相关方对质量评价的参与以及对利益相关方的需求回应,可以帮助学校重新定位各种内部评价机制的目的、优化内部管理流程、提高管理效能、明确需要改进问题的优先级并提高诊断质量。

3. 平衡记分卡与内部质量保证体系

平衡计分卡应用于内部质量保证体系运行效果评价其四个维度评价重点如下:财务,学校短期内没有明显经费增加的情况下合理的预算系统以及适合的审计制度就显得尤为重要,财务和审计制度是否能够帮助院校发挥资源的最大效用,为院校高质量发展提供支撑;顾客,内部质量保证的核心是保证人才培养质量的提高,是推动区域和地方社会经济发展,学生、地方政府、用人单位、社会是主要顾客群体,这些顾客对学校的满意度会成为学校各项改革的风向标,学校是否是高水平的以及办学质量的高低不是自吹自擂的,是需要顾客认可的，顾客满意度直接影响学校声誉，QS大学排名和《泰晤士高等教育》世界大学排名都高度重视学校的社会声誉，两个排名的社会声誉指标权重均超过30%；内部流程，主要是评价内部质量保证体系在五个层面所制定的各项制度的落实情况，如部门绩效考核、个人聘期考核、干部年度测评等制度的实施情况；学习与成长，优质的人力资源是实现学校高质量发展提高人才培养质量的核心，学校全体教职工能力成长是推动学校持续高质量发展的动力，内部质量保证各项制度的实施是否有利于教职工个人工作能力的提升，是否有利于教职工个人职业生涯的发展，是否有利于激发教职工自我质量意识的觉醒形成质量自律文化。

将平衡计分卡应用于评价内部质量保证体系运行效果有以下四个主要作用：一是可以帮助我们完善体系，通过将体系运行情况的评价指标在四个维度进行分类和细化，有助于反思体系自身设计的不足，使得体系构建和改进更具针对性和目的性；二是四个维度的目标完成需要不同部门相互配合，通过合理的测量指标的设定和评价可以强化部门之间的沟通合作；三是通过四个维度的指标数据和指标之间的内在联系可以全面和直观的分析体系的运行效果并形成分析报告以作为体系改进的依据；四是丰富了内部质量保证体系元评价的理论基础和实践模式。

4. 基于平衡记分卡的内部质量保证体系运行效果评价机制的构建

(1)构建的思路。使用平衡记分卡对任何一个组织或者一项工程进行绩效评价之前，首先必须明确的是组织或者工程的愿景和预期目标。在构建内部质量保证体系运行效果的平衡记分卡之前我们必须明确保证体系构建的逻辑起点，高职院校的根本任务和首要任务是立德树人，然后才是科技研发和社会服务，提升专业建设水平保证人才培养质量才是体系建设和运行的逻辑起点，学校内部的管理流程再造、资源统筹调配、专业建设和课程建设、师资队伍建设都要围绕保证人才培养质量这一主题进行规划设计。其次在愿景明确的基础上确定四个维度的阶段性战略目标，最后是确定相应的观测指标和权重来对目标的实现情况进行量化评价。

每个学校办学的历史和环境差异导致内部治理结构和能力的差异，每个学校不同阶段的主要矛盾也不尽相同，所以内部质量保证体系设计的战略目标也必然因校而异、因时而异。内部质量保证体系构建首先要解决内部治理能力提高的问题，强化监督控制发挥科层制管理的效能是前提，让全员熟悉和认可体系包含的管理制度，然后才是服务师生自我实现。体系的构建是一个长期的螺旋递进的过程，在构建的过程中，会出现“过程导向”“结果导向”“师生为中心”三个导向中一个导向突出两个弱化或者两个导向并重一个弱化的现象，唯一不变的就是变化，学校在实现中长期发展战略规划的过程中对阶段性规划目标进行修正是正常现象，体系运行重心偏移都是合理现象，所以体系运行效果的评价标准也因适当调整，调整的仅是四个维度观测指标的权重，四个维度的观测指标是不变的。

(2)构建的流程。首先需要确定内部质量保证体系的战略规划目标以及四个维度的战略目标。内部质量保证体系构建需要围绕立德树人的使命，无论是以“强化内部控制”还是“重视绩效产出”抑或是“服务师生发展”三个导向中哪个导向作为重点都是为立德树人服务，区别只是不同导向带来学校工作思路和重心的差异，继而影响观测指标权重的分配，这种区别由学校内部矛盾决定，但并非本质上的差异。在明确四个维度的战略目标的过程中我们需要明晰下列问题：财务维度，如何提高预算管理的效能，如何提高资源的利用率并降低风险，如何增加收入；顾客维度，学校可以为政府、企业提供什么，学生希望通过学习获得什么样的附加价值，如何提高他们的满意度；内部流程，哪些业务流程需要优化，如何提高管理效能提升各层级的执行力，如何促进部门之间的沟通与合作；学习与成长，如何帮助全体教职工成长并与时俱进，如何提高教职工的幸福指数并留住人才。其次就是在明确四个维度的战略目标的基础上进行观测指标的设计，观测指标至少必须符合可测量、可评价、可考核、可报告的特征，根据学校发展阶段的具体矛盾可以考虑给观测指标增加可问责的要求，指标的设计和观测要体现诊改的科学性，“可问责”的目的只是为了提高全员参与的重视度以及确保改进的力度。最后是为四个维度以及每个维度的具体观测指标赋予权重，权重是根据学校主要矛盾变化而相应变化的，这种变化不但体现了体系自我诊改的主体性，而且折射出体系螺旋上升不断完善的变化。

(3)具体评价指标的设计。用于观测目标是否实现的测量指标原则上通过学校智慧校园所涵盖的各项数字化管理平台直接获取数据并通过数据整合分析得出，不需要师生对信息进行填报，只在必要的情况下由个人登录系统进行相关数据的申报，如教师个人3年聘期阶段性的发展目标、调查问卷等。各观测指标的数据可以由学校内部采集也可以委托校外机构采集。根据四个维度的战略目标设计内部质量保证体系的平衡记分卡见表9-2。

表9-2　内部质量保证体系的平衡记分卡

维度	目标	测量指标	体系运行初期的权重	体系运行后期的权重
财务	资金、资产有效利用	预算执行比例、资金利用率、资产利用率、绩效审计情况	15	25
	经济活动无风险	课题撤销立项率、经费违规使用情况		
	办学经费多元化	各项目立项金额、四技服务收入、企业投资办学金额、校友会收入		
顾客	学生的满意度提升	课堂评价、就业满意度、校园生活满意度	15	20
	政府评价提升	各项表彰情况、官方媒体介绍学校次数		
	社会评价提升	用人企业满意度、校企融合度、主流媒体正负面报道情况		
内部流程	专业建设效果提升	就业质量年度报告	40	40
	课堂教学质量提高	学生参与度、技能大赛奖牌数		
	各项考核评价的满意度提升	预算管理的满意度、部门绩效考核的满意度、个人考核的满意度、审计制度的满意度、干部考核的满意度等		
	促进部门之间沟通合作	各项工作按时完成的情况		
	管理信息化水平提升	无信息孤岛、无纸化办公满意度		
	强化过程控制	各项目标任务可过程跟踪		

续表

<table>
<tr><th>维度</th><th>目标</th><th>测量指标</th><th>体系运行初期的权重</th><th>体系运行后期的权重</th></tr>
<tr><td rowspan="3">学习与成长</td><td>师资结构比例合理</td><td>双师比例、产业教授数量、博士数量、师资年龄结构与职称比例</td><td rowspan="3">30</td><td rowspan="3">15</td></tr>
<tr><td>教职工个体成长</td><td>个人规划完成情况(包括论文、科研项目、专利等)、进修和学历提升情况、企业实践情况</td></tr>
<tr><td>质量文化形成</td><td>质量保证体系的认知情况、绩效收入满意度、离职率</td></tr>
</table>

每个学校的发展都如同经济发展一样,会呈现出高速发展期到相对放缓的震荡期再高速发展再震荡这样相叠更替的过程,每个学校教师的学习成长空间在经过几年的高速发展之后都会出现相对停滞的状态,因为双师比例、博士比例各项比例都会接近一个极限值并无法突破,双师比例不可能超过100%,也不可能要求每个教职工都不断提升学历,所以在体系运行的后期,学习和成长维度的权重必然下降,当学校发展到新高度的时候再重新增加权重。不断强化内部控制提升治理能力是学校发展过程中永恒追求的目标所以内部流程维度的权重始终应该占比较重的比例。过去我们的高职院校在规模扩张的阶段都属于粗放型的发展方式,而在内涵式发展的道路上必须采用集约型的发展方式,并且需要不断创新发展,各种资源的筹措和调度能力会制约学校的发展能力,所以在体系运行逐渐成熟的过程中要增加财务维度的权重。内部质量保证体系构建是为了人才培养质量的提高,也就是要不断提高顾客的满意度,所以顾客维度的权重应不断提高。

三、内部质量保证体系的元评价

1. 外部元评价

根据《高等职业院校内部质量保证体系诊断与改进指导方案(试行)》文件要求,独立设置的高职院校应每3年至少完成一次质量保证体系诊改工作,以高职院校自主诊改为基础,教育行政部门根据需要对学校进行抽样复核。根据《高等职业院校内部质量保证体系诊断与改进复核工作指引(试行)》文件中公布的复核内容来分析,复核工作即对学校五个层面质量保证运行机制的元评价。如"两链打造与实施"部分的复核标准中提到:"教师个人发展目标确定是否与学校师资队伍建设规划及专业建设规划等相关要求相适切,教师是否制定有个人发展计划及与之相应的目标与标准,目标与标准是否明确、具体、可检测,与自身基础适切",即是对评价标准进行审查;"螺旋建立与运行"部分的复核标准中提到:"是否建立专业、课程建设与课程教学质量的诊改运行制度,诊改内容是否有助于目标达成,诊改周期是否合理,诊改方法与手段是否便捷可操作",即是对评价程序和方法进行审查;在"平台建设与应用"部分的复核标准中提出:"学校是否按智能化要求对平台建设进行顶层设计,平台架构是否具有实时、常态化支撑学校诊改工作的功",即是对评价涉及的数据信息来源进行审查。

由全国职业院校教学工作诊断与改进专家委员会组织的专家组对学校内部质量保证体系诊断与改进的复核只是外部监督,属于外部元评价,考察体系运行是否正常、有序,督促学校建设和完善保证体系建设。复核工作可以视为价值中立的第三方评价,评价的是学校的办学能力而不评价办学质量,3 年一个周期的复核只是为了保证学校的办学能力符合国家的最低要求,就好比汽车年检,汽车年检只是审核汽车的基本性能是否符合各项安全标准,判断汽车是否能够继续使用,而不对汽车的价值进行判断。

2. 内部元评价

高职院校内部质量保证体系的内部元评价不仅是学校自我审视内部质量保证体系的建设情况,更是学校审视自我办学能力和办学质量是否提升的主要途径。

高职内部质量保证体系的构建是长期工程,需要根据学校内外部环境的变化进行持续的改进,随着放管服改革和绩效改革的深入,学校各项工作的保证机制和评价机制都需要进行适时和适当的调整。各学校的办学经费来源都相对固定,通常不会出现明显的巨大幅度的增量,所以在众多需要完善的保证与评价机制中确定改进的优先级就非常有必要。

学校可以依据一定的理论构建内部质量保证体系运行效果的评价机制,笔者借鉴平衡计分卡构建评价标准,通过每年的定期评价并参考外部3年一个周期的元评价进行诊断,并结合学校短期的3~5年的发展目标和价值取向来确定需要改进的问题的优先级,从而有针对性地进行改进,解决学校发展过程中的主要矛盾。首先学校可以通过纵向的对比,发现四个评价维度中哪些目标的实现情况不理想,从而结合观测指标进一步分析哪些保证和评价机制需要完善;然后结合元评价标准对评价机制进行元评价来寻找问题的症结所在,判断是评价机制出现了问题,还是平衡记分卡自身的观测指标出现了问题;最后设计改进方案并实施改进。只有不断完善内部质量保证体系的各项保证机制和评价机制,不断提升与体系相关的各评价机制的合理性、合目的性和合规律性,才能实现内部质量保证体系诊断——改进的螺旋上升发展,推动学校可持续的高质量发展。

主要参考文献

[1] 詹姆斯·波帕姆.教师课堂教学评价指南(第五版)[M].王本陆,赵婧,等译.重庆:重庆大学出版社,2010.

[2] 王向红.中国高等教育评估质量保证研究——元评价的视角[M].北京:中央编译出版社,2017.

[3] 张耀嵩.高等职业教育质量评价与保障体系研究[M].上海:复旦大学出版社,2014.

[4] 袁洪志主编.高等职业学校内部质量保证体系建立与运行实务[M].南京:南京大学出版社,2017.

[5] 杜金.日本高等专门学校教育质量第三方评价研究[D].沈阳:沈阳师范大学,2017.

[6] 廖煜.QAA 视域下英国高职教育质量保证体系研究[D].黄石:湖北师范大学,2018.

[7] 胡帆.高等学校财政投入绩效评价研究[D].武汉:武汉理工大学,2013.

[8] 李明慧,曾绍玮. 德国职业教育“双师型”教师队伍的培养渠道、经验与启示[J].教育与职业,2018(22):45-51.

[9] 陈君,王利艳,刘旭东.日本高等职业教育高质量化推进机制及启示[J].职业技术教育,2016(20):70-74.

[10] 涂三广.英国职业教育质量保障体系:运行机制与实践思考[J].职教论坛,2014(9):86-90,96.

[11] 程永洲,钟明元,孙泽文.高职院校办学特色的内涵与影响因素分析[J].职教论坛,2016(28):39-42.

[12] “中国特色高等教育思想体系研究”课题组.中国特色高等教育思想体系举要[J].中国高教研究,2017(4):1-25.

[13] 杨广俊.高职院校专业评估现状分析与评估模式建设[J].中国职业技术教育,2016(27):86-88,96.

[14] 王德林.积极推进公共治理的高等教育评估制度[J].中国高等教育,2016(23):55-57.

[15] 罗三桂.高职院校特色专业群建设路径选择[J].中国职业技术教育,2018(28):71-75.

[16] 张炜.世界一流大学的共性特征与个性特色[J].中国高教研究,2016(1):61-64

[17] 储锦超,董必荣.战略视角下的高校预算管理[J].学海,2015(6):170-174.

[18] 刘康宁,张建新.云南省高职院校专业评估实证研究[J].上海教育评估研究,2017(4):56-60.

[19] 黄兆军.高职院校新工科专业建设的探索与实践——基于国际工程教育认证标准[J].职业教育研究,2019(5):57-62.

[20] 吴凡.我国研究型大学课程目标与课程评价问题研究——基于“985工程”高校大学生学习经验调查[J].中国高教研究,2017(10):98-102.

[21] 韩艺,陶珊珊,郭鹏飞.基于“主体间性”的精品课程评价系统及其构建[J].高校教育管理,2017(4):105-112.

[22] 丁才成,陈炳和.高职院校课程质量诊断与改进策略[J].职业技术教育,2017(8):55-58.

[23] 杨茜.大学“顶点课程”与高质量应用型人才的培养[J].黑龙江高教研究,2019(2):39-43.

[24] 李梦卿,刘俏楚.“双师型”教师资格认证标准的制度性统一与区域性特征[J].职教论坛,2017(25):33-39.

[25] 吴岩.高等教育公共治理与“五位一体”评估制度创新[J].中国高教研究,2014(12):14-18.

[26] 聂伟进,汪卫平.高职教师培训的原点、焦点和突破点——基于江苏省高职教师培训的实践探索[J].职业技术教育,2019(6):57-61.

[27] 景安磊,周海涛.加强高校教师队伍建设的关键任务和路径探析[J].国家教育行政学院学报,2019(3):48-52.

[28] 臧强,唐霞.剑桥大学内部质量保证体系研究[J].黑龙江高教研究,2017(7):66-69.

[29] 屈廖健.美国密歇根大学教师发展中心的产生环境、建立过程与组织特征[J].2018(1):75-80,86.

[30] 雷虎强.社会主要矛盾变化视阈下高校青年教师职业发展保障机制构建研究[J].福建师范大学学报(哲学社会科学版),2019(1):156-161,172.

[31] 肖甦,李婵娟.美国密歇根大学教师薪酬管理体系及发展特点[J].现代教育管理,2018(5):60-67.

[32] 徐娟,张耀华.高职院校学生就业能力发展的影响因素[J].高教发展与评估,2017(1):112-124,131-132.

[33] 史秋衡,王芳.我国大学生就业能力的结构问题及要素调适[J].教育研究,2018(4):51-61.

[34] 罗英姿,陈小满,张佳乐.博士生教育质量评价模型构建与实证检验——基于学生发展相关理论[J].高等工程教育研究,2019(2):171-177.

[35] 冉光仙,翁艳.发展性资助视角下高职院校贫困生主体意识的培育[J].职教论坛,2018(5):141-147.

[36] 陈乃车,曾剑,唐闻捷.提升高校资助育人成效的路径探析[J].教育研究,2017(5):152-155,159.